Endres · Geschwister

Wolfgang Endres

Geschwister

... haben sich zum Streiten gern

BELTZ

Umschlaggestaltung: Federico Luci, Mailand
Zeichnungen im Innenteil: Markus Olivieri
Umschlagbild: Bavaria Bildagentur, München
Satz: Satz- & Reprotechnik GmbH, Hemsbach
Druck und Bindung: Druckhaus Beltz, Hemsbach
ISBN 3-407-85730-6

Ein Geschwister-ABC für

Alexandra

Beate

Claudia

Daniela

Inhaltsverzeichnis

Vorwort

Nicht nur eine Geschichte...

Es war am Abend des zweiten Weihnachtstages. Die Familie hatte zwei wunderschöne Feiertage hinter sich. Die Festtagsstimmung war von Harmonie und Familienfreude geprägt.

Da plötzlich setzt ein Sirenengeheul ein – eine nach der anderen, immer lauter, immer schriller: die Kinder der Familie, drei Mädchen, hatten sich – im wahrsten Sinne des Wortes – in den Haaren. Sie kratzten und bespuckten sich und schrien um die Wette. Anlaß: ein paar Bausteine.

Das war dem Vater nun doch zuviel. Er griff ein, warf die Kiste mit den Bausteinen in die Ecke und schmetterte einen Donnerschrei dazwischen. Schlagartig war der Streit beendet; verstört blickten sechs Mädchenaugen den Vater an – dann kullerten dicke Krokodilstränen über die Wangen, und das schrille Sirenengeheul hatte sich in heftiges Schluchzen verwandelt – bedrückt zog der Vater sich zurück.

Und während er sich noch seines unbeherrschten Auftritts schämte, ertönte schon dreieiniglich Flüstern, Kichern, Lachen.

Diese drei Mädchen sind meine Töchter – und der Vater, der die Nerven verlor, bin ich, der Sozialpädagoge und Seminarleiter für Pädagogen, Wolfgang Endres.

Daher ist mir dieses Buch über Geschwisterstreitigkeiten ein persönliches Anliegen.

Ich hoffe, Sie haben nach dieser Geschichte nicht das Gefühl, sich einem unfähigen Ratgeber anzuvertrauen. Dieses Buch ist nicht am Schreibtisch entstanden. Die Problematik von Streitigkeiten zwischen Geschwistern ist mir neben den

Erfahrungen in der eigenen Familie aus zahlreichen Elternseminaren ebenso vertraut wie aus Ferienkursen mit inzwischen über 10 000 Schülern. Die vielen Geschwister, die ohne ihre Eltern daran teilnahmen, setzten ihre Streitigkeiten außerhalb der Familie oft verstärkt fort. Sehr häufig baten die Eltern bei der Anreise zu den Kursen, die Geschwister möglichst getrennt unterzubringen.

Sind Geschwisterstreitigkeiten unausweichlich wie sie nervenaufreibend sind? Kann man als Elternpaar nichts dagegen tun?

Ich meine, daß es möglich ist, diese Belastung für Eltern und Kinder erträglicher werden zu lassen.

Ich habe Verständnis, wenn Sie unter den Streitigkeiten Ihrer Kinder leiden und dadurch manche Erziehungsfehler machen. Dennoch oder gerade deshalb möchte ich Ihnen Wege aufzeigen, wie Sie Ihren Kindern helfen und Ihre Nerven dabei schonen können.

Sie finden in diesem Ratgeber einige Gedanken über die Notwendigkeit des Streitens, aber auch Hinweise, wie sich Streitigkeiten vermeiden oder zumindest verringern lassen.

Vielleicht können Sie gelassener reagieren, wenn Sie gewisse Gesetzmäßigkeiten, etwa bei der Betrachtung der Geschwisterkonstellation, auch in Ihrer Familie feststellen.

Dieses Buch wendet sich an Eltern von 3- bis 16jährigen Geschwistern. Es ist als Ratgeber aus der Praxis für die Praxis konzipiert. Es möchte helfen, die Familienatmosphäre zu verbessern.

Dabei geht es an keiner Stelle um Patentrezepte im Sinne fertiger Lösungen. Vielmehr möchte ich Sie ermuntern, nicht müde zu werden beim Suchen von Lösungen.

Übrigens habe ich selbst ganz gute Erfahrungen damit gemacht, die Kinder an solchen „Problemlösungsstrategien" zu beteiligen. Das kann bereits damit beginnen, daß Sie sich die verschmitzten Bildgeschichten von Markus Olivieri in diesem Buch von Ihren Kindern erzählen und interpretieren lassen. Oder Sie lesen ihnen einmal die Geschichte „Na warte" von Bröger vor (S. 31ff.). Oder, oder ...

Natürlich hoffe ich, daß Sie manche Anregung für sich und Ihre Kinder aufgreifen können, vor allem aber wünsche ich Ihnen eine glückliche Familie, in der die Kinder zwischendurch auch mal herzhaft streiten können!

Über die Notwendigkeit des Streitens

„Was unterscheidet Geschwister von wilden Indianerstämmen?“ fragt Kurt Tucholsky in einer seiner satirischen Abhandlungen. Seine Antwort: „Wilde Indianer sind entweder auf Kriegspfad oder rauchen Friedenspfeife – Geschwister können gleichzeitig beides!“

Geschwisterstreitigkeiten sind kein Erscheinungsbild neuzeitlicher Erziehung. Es gab und gibt sie in allen Erziehungsstilen, in allen Epochen, seit es Geschwister gibt. Denken Sie nur an Kain und Abel: „Kain ergrimmte sehr, als er sah, daß der Herr nur das Opfer seines Bruders Abel wohlgefällig annahm. Darauf sprach Kain zu seinem Bruder Abel: „Laß uns aufs Feld gehen!“ Und als sie auf dem Felde waren, erhob sich Kain wider seinen Bruder Abel und schlug ihn tot...“

Gottlob, müssen wir uns in diesem Ratgeber nicht mit solch brutalen Auseinandersetzungen befassen.

Aber im Kern bleibt die Frage, was die Ursache, der Auslöser für Geschwisterstreitigkeiten ist. Sind sie gar als unabwendbares Übel anzusehen, an dem Eltern ihre erzieherischen Fähigkeiten in Frage stellen müssen? Sind sie deshalb vielleicht nur mit Humor zu ertragen?

So wie es der kleine Alexander tut, wenn er von seiner Schwester spricht: „Meine liebe Schwester – die blöde Kuh!“

Empfinden wir es nicht als wohltuend, wenn wir so treffende Formulierungen aus Kindermund vernehmen? Etwa, wenn Markus seine unausstehlichen Schwestern beschreibt: „Schwestern sind schrecklich. Nur wenn meine schlafen, sind sie lieb (aber auch dann bin ich nicht ganz sicher). Das Schlimmste ist, daß ihnen mit ihren hübschen rotblonden Locken und den großen Augen niemand etwas Böses zutraut." Oder wenn Elisabeth feststellt: „Die meisten Menschen, wenn sie meine jüngere Schwester zum ersten Mal sehen, denken wie entzükkend, süß und freundlich sie ist. Sie können sich kaum vorstellen, was es heißt, die ältere Schwester von so einem kleinen Monster zu sein!"

Mit gemeinen Brüdern scheint es nicht besser auszusehen, wie der 10jährige Richard schreibt: „Mutti hält meinen kleinen Bruder für einen kleinen Engel, aber sobald Mutti und Vati rausgehen, fängt er an, mich zu stumpen und zu treten. Aber sobald ich ihn festhalte, schreit er, und dann kommt Mutti rein und ich krieg sie mit dem Pantoffel – aber so ist eben das Leben..."

So nett sich diese Darstellungen auch anhören, so zermürbend wirken sie sich im Familienalltag aus.

Wenn Geschwister sich in den Haaren liegen, ist häufig besonders die Mutter die Leidtragende.

„Warum", überlegt Frau J. A, „streiten meine beiden bei meinem Mann nicht so viel?" Vielleicht ist das der Grund: Ihr Mann wuchs mit drei Geschwistern auf und war an Streit gewöhnt. Sie aber war Einzelkind und hat Geschwisterstreit nie „geübt". So reagierte ihr Mann einfach gelassener, wenn es wieder mal zum Streit zwischen den beiden Kindern kam.

Sind Geschwisterstreitigkeiten eine solche Selbstverständlichkeit, ja gehören sie möglicherweise zu einer gesunden Entwicklung des Kindes, das mit Geschwistern aufwächst?

Um es vorwegzunehmen: Ich meine ja!

Aggressionen und damit verbundene Streitigkeiten sind nicht nur natürlich, sondern für die soziale Entwicklung des Kindes sogar notwendig.

Denn ich fordere nicht die Harmonie um jeden Preis im Sinne von „Friede, Freude, Eierkuchen". Ein solchermaßen konfliktfreies Miteinander hätte zur Voraussetzung, daß alle – Eltern und Kinder – zu jedem Zeitpunkt die gleichen Bedürfnisse, Interessen, Erwartungen und Gefühle besitzen müßten. Da dies weder möglich noch erstrebenswert ist, sind Konflikte unvermeidbar. Mit anderen Menschen zusammen zu leben bedeutet immer auch Auseinandersetzung: Auseinandersetzung mit uns selbst, unseren Bedürfnissen und Gefühlen; Auseinandersetzung mit den Bedürfnissen, Gefühlen und Interessen des anderen, also auch des Kindes. Insofern ist lediglich entscheidend, wie wir mit den Konflikten und Streitigkeiten umgehen, wie wir darauf reagieren. Auf jeden Fall bieten sie eine Chance zur Weiterentwicklung der Persönlichkeit.

Inwieweit jedoch eine echte Weiterentwicklung eintreten wird, hängt sehr stark davon ab wie wir mit Konflikten umgehen und wie wir sie lösen. Ganz wichtig ist die Erkenntnis, daß nicht jeder Konflikt sofort gelöst werden muß. Oft ist es besser, eine Sache einmal ruhen – auf sich beruhen – zu lassen.

Wie kommt es nun zu Konflikten, die zu Streitigkeiten führen? – Das Kind setzt sich Ziele, und das ist grundsätzlich gut und in jeder Erziehung erstrebenswert. Treten Hindernisse auf, die der Erfüllung eines Wunsches oder dem Erreichen

eines gesetzten Zieles entgegenstehen, dann ist der Drang zur Beseitigung eines solchen Hindernisses eine vollkommen natürliche Reaktion.

Besonders stark tritt diese Art der Aggressivität natürlich in Erscheinung, wenn dem Kind die Befriedigung lebenswichtiger Bedürfnisse versagt wird, zu denen nicht nur Essen, Trinken und Schlafen zählen, sondern auch u.a. der Antrieb zum Spielen, die Wißbegierde und das Streben um Liebe und Anerkennung. Werden nun diese Bedürfnisse zurückgehalten oder unterdrückt, so wird das Kind frustriert und reagiert aggressiv gegen den, der seine Entwicklung behindert. Und das kann oft genug ein Geschwister sein.

Entscheidend für die Wiederholung solcher Verhaltensweisen ist die Reaktion der Eltern auf dieses Verhalten. Eltern, die sich durch den Streit ihrer Kinder regelrecht tyrannisieren lassen, verstärken diesen Effekt: Für das Kind verknüpft sich die Art des Streits mit dem erfolgreichen Erzwingen einer Wunscherfüllung. Findet das Kind nämlich mehr Anerkennung und Beachtung bei Geschwisterstreitigkeiten als etwa bei sogenanntem Wohlverhalten – ja, erregt es erst durch Streit die Aufmerksamkeit der Eltern, so wird es den Streit als Mittel im Streben nach Anerkennung wiederholt einsetzen. Somit benutzen Eltern einen wirkungsvollen „Verstärker“ genau für das Verhalten, das sie eigentlich verhindern wollten.

„Wenn ich nicht gleich reagiere“, berichtet Frau B. E. „und die beiden eine Weile streiten lasse, einigen sie sich von selbst.“

In der Tat finden Geschwister gerade im Streit zueinander. Streitigkeiten sind der Bagger der Geschwisterliebe: Es werden viele Gräben gezogen, insgesamt aber vertiefen sich die Zuneigung und Liebe.

„Man liebt sich auseinander, aber man zankt sich zusammen“, charakterisiert Tucholsky dieses Phänomen sehr treffend. Geschwister empfinden ihre Streitigkeiten untereinander als etwas Harmloses und Selbstverständiches.

Und wenn das Barometer bei einem halben Wolkenbruch auf „Heiter“ zeigt, können Eltern getrost auf die durchaus zutreffende Angabe bauen.

MAN LIEBT SICH
AUSEINANDER,
ABER MAN
ZANKT SICH
ZUSAMMEN

Manfred Mai

Detlev und Torsten

Verschwinde, Wicht!
Verstehst du nicht!
Laß mich in Ruhe!
Geh aus dem Weg!
Nichts für dich!
Mach 'ne Fliege!
Keine Zeit!
Zieh Leine!
Du störst!
Hau ab!
Raus!

Kannst du mir mal helfen?

Der kräftige Anlauf zum Streit wird oft genug beim Sprung selbst zum Ausdruck der Zuneigung und des Vertrauens.

Wenn Geschwisterstreitigkeiten also nicht nur selbstverständlich, sondern sogar notwendig sind, müßten Eltern eigentlich zufrieden und gelassen darauf reagieren können. Doch das gelingt wohl kaum, da Eltern fast immer in irgendeiner Form in den Streit hineingezogen werden und damit auch „verletzt“ werden. Genau dies möchte das Kind auch (unbewußt) erreichen. Es prüft an der Reaktion der Eltern, wie weit es gehen kann, ohne sich selbst zu schaden.

Hierin steckt eine weitere Art der Aggressivität. Das Kind versucht, seinen sozialen Verhaltensspielraum auszuloten und zu erweitern. Es möchte einen höheren Rang im Sozialverband der Familie erobern. Diese Art der Aggressivität ist aber nicht einfach durch das Erfüllen der jeweils (durch Verhalten) geäußerten Wünsche zu beheben; hier sind dem sich aggressiv gebärdenden Kind gerechte und sinnvolle Grenzen zu setzen. Vor allem müssen Eltern eingreifen, wenn durch das aggressive

Verhalten Menschen, Tiere, Pflanzen oder das Eigentum anderer Schaden erleiden können.

Und im Vorfeld sind daher solche Gebote als Vorbeugung auszusprechen, die nach diesem Gesichtspunkt durchdacht sind. So kann das ernstgenommene Kind die Erfahrung machen, daß das Glück weniger im Erkämpfen der individuellen Wunscherfüllung liegt, sondern viel stärker in der Gemeinschaft mit dem Mitmenschen, wo einer dem anderen hilft, ihn achtet und Rücksicht auf ihn nimmt – auch und gerade in der Gemeinschaft Familie. Insofern bietet die Familie auch ein gutes Übungsfeld für ausgewogenes Sozialverhalten, wo auch der Streit seine „Daseinsberechtigung" hat.

Aggressives Verhalten im Kindesalter

Streitigkeiten sind für die soziale Entwicklung des Kindes notwendig.

Eltern, die sich durch Streitigkeiten ihrer Kinder entnerven lassen, schaffen Verstärkungseffekte für streitsüchtiges Verhalten.

„Man liebt sich auseinander, aber man zankt sich zusammen". (Tucholsky)

Der kräftige Anlauf zum Sprung in den Streit wird im Sprung zum Ausdruck der Zuneigung.

Kinder einigen sich meistens selbst.

Sich nicht in einen Streit verwickeln lassen

„Nichts Schlechtes wünsche ich Dir, aber Deine Kinder mögen sich später auch so zanken wie Ihr!“ Die Worte der Mutter liegen Frau K. P. ständig in den Ohren. Denn dieser Wunsch ist in Erfüllung gegangen.

Die Streitanlässe der Kinder sind selten genau zu rekonstruieren. Oft reicht ein falsches Wort oder eine versehentliche Berührung des jeweils anderen, das über Schreien, Schlagen, Türenknallen entweder in einer schlimmen Rangelei oder im frustrierten Rückzug des Verlierers endet. Auf jeden Fall ist die Stimmung in der ganzen Familie gestört.

Doch das muß nicht sein. Da die Kinder sich meist an den Reaktionen der Eltern orientieren, ist es so wichtig, möglichst immer die Reaktion zu zeigen, die keinen Verstärkungseffekt für das streitsüchtige Verhalten bietet.

Hierbei gilt als Leitfaden, nicht impulsiv zu handeln, sondern das Unerwartete zu tun. Wenn z.B. ein Streithahn erwartet, nach Streitereien ausgeschlossen zu werden, wäre für ihn das Unerwartete: Statt ihn ausschließen, sollte man ihm eine Aufgabe übertragen. Wenn möglich sogar in einer Führungs- d.h. Anführerrolle. So läßt sich ein störendes Verhalten in konstruktive Tätigkeit umwandeln. Damit wird die Position des Stärkeren unterstrichen. Und das ist gut so. (Bitte das Buch hier noch nicht als „Merkwürdig-Ratgeber“ beiseite legen!)

Allzu oft ergreifen Eltern spontan Partei für den (scheinbar!) Schwächeren. Die weitere Auseinandersetzung wird dann zum hitzigen Machtkampf. Fairneß und Gerechtigkeitssinn werden beeinträchtigt. Denn der Schwächere schneidet durch das Eingreifen der Eltern am besten ab. Sind die Kinder

z. B. mal unter fremder Aufsicht, von der sie keine Schiedsrichterrolle erwarten, hören die hinterher erstaunten Eltern oft, wie friedlich ihre Kinder miteinander umgingen und wie schön sie zusammen spielten.

Versuchen Sie also, sich bei Streitigkeiten völlig rauszuhalten. Verlassen Sie den Schauplatz der heulenden, brüllenden, spuckenden, kratzenden und beißenden Hähne oder Hyänen.

Gelegentlich wird der Streit nur als Mittel eingesetzt, um die spontane Zuwendung der Eltern zu erfahren. Wird diese auch prompt geboten, d. h. werden die Folgen als angenehm empfunden, sorgt das betreffende Kind für die Wiederholung ähnlicher Situationen. Hier scheint es besonders wichtig, auf die Absichten eines Streites zu achten.

Wer sich klargeworden ist, daß die Beziehung zwischen den Kindern nicht durch ein „Machtwort" geregelt werden kann, hat es leichter, sich vom augenblicklichen Problem der Kinder fernzuhalten. Das sollen diese in Eigenverantwortlichkeit regeln. Der größte Teil unserer Verärgerung kommt nämlich aus dem übertriebenen Verantwortungsgefühl für die Kinder und ihr Wohlergehen. Wer als Schiedsrichter immer gleich zur Stelle ist, muß sich mit seinem persönlichen Ärger als eigentlicher Verlierer fühlen – eine Rolle, die Eltern nicht ständig beibehalten dürfen.

Ein Kind, dessen Streitigkeiten immer von anderen in Ordnung gebracht werden, kann nicht lernen, mit unangenehmen Situationen selbst fertig zu werden. Es wird immer dazu neigen, seine Zuflucht im Streit zu sehen, wenn es irgendwelchen Widerstand spürt oder seinen Willen nicht durchzusetzen vermag.

Selbst bei einer ordentlichen Kratzwunde am Arm oder einer blutenden Nase sollte das Urteilen bzw. Verurteilen ausbleiben. Häufig genug war nämlich der Verletzte der eigentliche Verursacher. Lassen Sie den „Schmolladen" herunter oder wie Frau K. P. ihren Kindern immer erzählt hat: „Ich habe bei Eurer Geburt „Mutterklappen" bekommen, die fallen bei solchen Zankereien immer herunter.

Sie werden sagen, das klingt recht einfach und leicht, ist aber sehr sehr schwierig. Gewiß. Es hat ja auch noch nie jemand behauptet, Elternsein sei leicht...

Bei Streitigkeiten Ihrer Kinder kann es aber leichter werden, wenn Sie den Streithähnen Ihr „Eltern-Segel“ aus dem Wind nehmen. Geht der „Wind“, den das Kind macht, ins Leere, wird es bald den Spaß daran verlieren und seltener zum Streit- und Scheingefecht „blasen“.

Glauben Sie, sich trotzdem mal in den Streit Ihrer Kinder einmischen zu müssen, fragen Sie nicht gleich“ „*Wer* hat das gemacht?“ sondern: „*Warum* ist es dazu gekommen, *wo* hat es angefangen?“

Bedenken Sie aber, daß Kinder in solchen Augenblicken einfach nicht aufnahmefähig sind für Argumente oder Appelle an die Vernunft. Auch nachträgliche Gespräche führen oft

nicht weiter, da sich an Kleinigkeiten entzündete Explosionen nur sehr mühsam erklären lassen.

Auf jeden Fall aber ist das Gespräch mit allen Beteiligten gemeinsam zu führen. Nach einem Streit mit jedem Kind einzeln verhandeln und unterschiedlich bewerten, bedeutet: Ein Kind wird erhöht auf Kosten des anderen, das erniedrigt wird. Dadurch wird die Konkurrenz unter den Kindern verstärkt – sie werden gegeneinander ausgespielt. Streithähne aber sitzen immer in *einem* Boot.

Im übrigen müssen wir bereit sein, zuzugeben, daß es auch bei Zank und Streit mehr als einen Gesichtspunkt gibt. Und unsere Art, die Dinge zu sehen, ist nicht die einzig richtige oder einzig mögliche.

Ein kleines Spiel als Beispiel:
Erkennen Sie die Ente auf Seite 26?

Zeigen Sie dieses Tierchen Ihren Kindern und behaupten Sie so lange, das Tier nicht als das zu erkennen, was die Kinder festgestellt haben. Sagen Sie nicht, daß Sie etwas anderes sehen, sondern behaupten Sie nur, daß Sie *das* (etwa die Ente)

nicht sehen. Geben Sie auch dann noch nicht auf, wenn der bedauernd-herzlich-rauhe Unterton „Bist Du blöd!?" dem Spielchen eine unangenehme Wende zu geben droht.

Irgendwann wird jemand die Entdeckung machen, daß auch Sie recht haben. Denn im selben Bild lassen sich eine Ente oder ein Hase erkennen (Schnabel = Löffel/Ohren).

Und so wie wir in unserem Kind mal den Engel, mal den Bengel sehen, erleben sich auch Geschwister untereinander:

Manfred Mai

Meine Schwester

Meine Schwester ist fünfzehn
und wirklich sehr nett.
Mit ihr kann ich reden,
am besten im Bett.

Sie erklärt mir fast alles,
was ich wissen will,
und will ich nichts wissen,
ist sie einfach still.

Wenn es Streit gibt zu Hause,
hilft sie meistens mir
und knallt voller Wut
ganz laut mit der Tür.

Meine Schwester ist fünfzehn
und richtig gemein,
will ich mit ihr reden,
schläft sie meistens ein.

Sie erklärt mir fast gar nichts,
und hab' ich 'ne Frage,
sagt sie manchmal bissig:
Du bist eine Plage!

Wenn es Streit gibt zu Hause,
ist es meist wegen ihr,
doch ich werde geschimpft
und kann nichts dafür.

Meine Schwester ist fünfzehn
und mal so, dann mal so,
mal könnte ich sie...
und mal bin ich froh.

5
4

TOOOR
5 4
6 4

Schiedsrichter sind nicht gefragt

Lassen Sie sich nicht in die Rolle des Schiedsrichters drängen. Die Anlässe eines Streits sind selten wirklich zu rekonstruieren.

Ergreifen Sie nicht Partei für den (scheinbar!) Schwächeren.

Handeln Sie nicht impulsiv, sondern tun Sie das Unerwartete. Lenken Sie die Aktivitäten störenden Verhaltens in konstruktive Tätigkeit.

Verlassen Sie wortlos den „Kampfplatz". Versuchen Sie, sich völlig rauszuhalten.

Argumente und Appelle an die Vernunft sind in „Kleinkriegen" meist zwecklos. Die in solchen Zankereien spürbare Garstigkeit ist oft nur ein Mantel für ein anderes Problem.

Raushalten ist wirkungsvoll – aber schwer.

„Na warte" – Momentaufnahmen eines Streits

„Na warte" von Achim Bröger

(erschienen in „Der bunte Hund – Das Magazin der Kinderliteratur – Nr. 1/1981 – Beltz & Gelberg, Weinheim)

Hm, das Abendessen ist lecker. Ich lehne mich in meinem Stuhl zurück. Worauf hätte ich jetzt noch Lust? 'Ne Scheibe Schinken wäre genau richtig für meinen Appetit, fällt mir ein. Leider hat sich Rolf gerade die letzte Scheibe genommen.

Stimmt ja gar nicht, merke ich da, denn was springt mir von Mutters Teller in mein hungriges Auge? Schinken. Das wirklich allerletzte Prachtstück. Klein zwar, aber immerhin. Mutter mag es wohl nicht mehr. Frag' ich sie, ob ich den Schinken haben kann? Lieber nicht. Sonst will nur der Rolf die Hälfte.

Mutter und Vater reden miteinander, beachten mich gar nicht. Ich fall' ja auch kaum auf. Schließlich bin ich die Kleinste hier. Vorsichtig lasse ich meine Finger loskrabbeln. Schon sind sie in der Nähe von Mutters Tellerrand. Ich will den Schinken unbedingt haben. Richtig appetitlich sieht er aus. Jetzt... Da ist das Schinkenstück weg. Blitzschnell in Rolfs Hand verschwunden und von der Hand in den Mund. Er kaut und schluckt und grinst.

Dieser Geier! Hat die ganze Zeit beobachtet, wie ich mich anschleiche, und dann zugeschnappt. Der kann einfach nicht genug kriegen.

Damit ihm das nicht zu gut schmeckt, trete ich ihm unter der dicken runden Tischplatte ans Bein. So fest ich kann. Über dem Tisch guck' ich sanft.

Er heult auf. Kann der das laut, mein großer Bruder! Natürlich reden die Eltern jetzt nicht mehr miteinander. Sie sehen uns an und warten wohl darauf, daß ihnen jemand was erklärt. Rolf tut das sofort. „Die Hanna hat mich getreten."

„Der hat angefangen!" schreie ich.

Vater will wissen: „Kann man nicht mal fünf Minuten friedlich mit euch zusammensitzen?"

„Ne, mit dem nicht", erkläre ich und meine Rolf.

„Und mit der erst recht nicht", sagt Rolf und meint mich. Er hat aber selbst schuld. Hätte er nicht das Stück Schinken geklaut, hätte er jetzt keinen blauen Fleck am Bein.

„Wird doch nicht so schlimm sein", beruhigt Mutter, weil sie Samstagabendfrieden haben möchte. Aber Rolf ist gar nicht friedlich zumute. Deshalb fängt er nochmal an und zwar sehr laut. „Die hat mich getreten. Ohne Grund."

„Der lügt ja."

In dem Augenblick tritt Rolf zu. Aber unter dem Tisch gibt's außer unseren acht Beinen noch vier Tischbeine. Eines davon muß er getroffen haben. Das macht dem Tischbein gar nichts aus.

„Nicht mal treffen kann er", sage und lache ich.

Mutter stöhnt nur: „Ohh!"

Eigentlich warte ich darauf, daß uns die Eltern jetzt erstmal in unsere Zimmer schicken. Zum Abkühlen, sagen sie dazu. In Wirklichkeit heizen wir uns dort oft prima auf. Trotzdem wäre das nicht schlecht, wenn sie mich wegschicken würden. Dann müßte ich nicht beim Tischabdekken und beim Aufräumen in der Küche helfen.

Aber leider hat Mutter heute ihren Durchblicktag. „Jetzt helft ihr erstmal beim Aufräumen. Danach schont ihr unsere Nerven und geht für 'ne halbe Stunde in eure Zimmer."

Vater sagt noch: „Wir möchten ein bißchen Ruhe haben."

Rolf denkt nicht daran, mit dem Abräumen anzufangen. er will sich wieder drücken. „Mach schon, alter Schinken-

fresser", sage ich. „Ja, ja", sagt er und piekt mit der Gabel in die Tischdecke.

„Laß das, das gibt Löcher", schimpft Vater.

Endlich erhebt sich auch mein kolossaler Bruder. Aber wie! 'Ne Schnecke ist ein Düsenjäger dagegen. Ich kenne seine Taktik. Erstmal ganz langsam machen und die anderen vorarbeiten lassen, damit für ihn nichts mehr übrigbleibt.

Na warte. Ich nehme den Brotkorb und die Teller. Die schwere Teekanne trage ich auch. Bin unheimlich beladen. Vater sieht mich an, als müßte ich kleines, schwaches Mädchen jeden Augenblick zusammenbrechen. Tue ich aber nicht. Ich schaffe es sogar noch, im Rausgehen über meine Schulter zu rufen: „Wenn der Herr vielleicht mit abräumen würde." Und jetzt unterstützt mich Vater: „Das meine ich aber auch."

Schon bin ich zurück. Mein Herr Bruder greift gerade sehr pomadig nach der leeren Wurstplatte. „Hebst dir bestimmt einen Bruch", sage ich.

„Giftkröte", zischt er. Dann schieben wir uns nebeneinander durch die enge Küchentür. Er drängelt mich weg. Ich drängle ihn weg. So drängeln wir uns in die Küche. Nachdem wir uns dort noch ein paar freundliche Satzbrokken an den Kopf geknallt haben, reicht es den Eltern. „Zieht ab", verlangt Mutter. „Sonst dreh' ich durch."

Sofort lasse ich alles stehen und verschwinde. Damit mein Bruderherz nicht hinter mir ins Zimmer kommt, schließe ich meine Tür ab.

Gerade noch geschafft! Da drückt er schon den Türgriff, immer wieder und sehr kräftig. Er will sich jetzt wohl dafür rächen, daß er vorhin nur das Tischbein getroffen hat. „Bleib draußen, Schinkenfresser!" rufe ich.

„Mach doch mal auf", fordert er scheinheilig. Friedlich freundlich klingt er. Das kenn ich. Aber wehe, ich öffne die Tür wirklich! Da ist er dann plötzlich gar nicht mehr friedlich.

Rolf drückt den Türgriff nochmal. Danach höre ich

keinen Ton mehr von ihm. Sonst gibt er doch nicht so schnell auf, wundere ich mich. Und ich trau' der Ruhe auch nicht.

Ich setze mich an den Schreibtisch. Aus dem zweiten Stockwerk des Nachbarhauses leuchtet Fernsehlicht. Dort hocken sie fast immer vor dem Kasten. Dazu hätte ich jetzt auch Lust.

Was mache ich bloß in meinem Zimmer? Das YPS-Heft kenne ich auswendig. Und allein spielen? Ne.

Wo steckt Rolf? Wenn er in seinem Zimmer wäre, würde er bestimmt das Radio aufdrehen, und zwar voll. Schon um mich zu ärgern. Nicht, daß mich die Musik ärgern würde. Mich würde ärgern, daß er sie so laut stellt, um mich zu ärgern. Als Antwort trete ich dann immer gegen die Wand zwischen unseren Zimmern. Das täte ich jetzt gerne. Aber ich hör' keinen Ton von Rolf.

Los, dreh' die Musik auf, Schinkenfresser! Gleich wird er's tun. Den kenne ich doch. Aber er läßt mich heute zappeln. Mach schon, dein Schwesterchen wartet. Immer noch nichts. Ich rufe: „He, Rolf!" Keine Antwort. Bestimmt denkt er, wenn er ruhig ist, werde ich unruhig und sehe nach, warum er so ruhig ist. Und draußen lauert er dann.

Ich schleiche mich an die Tür. Wie ein Denkmal muß Rolf auf der anderen Seite stehen, völlig bewegungslos. Sonst würden dazwischen mal die Dielenbretter unter seinem Gewicht knarren. Aber der kann warten.

Was ist denn das? Aus dem Wohnzimmer kommen leise Geräusche. Fernsehgeräusche.

Ob der im Wohnzimmer mit den Eltern vor dem Fernseher sitzt? Das wäre ein Ding! Die haben uns doch beide in die Zimmer geschickt. Nicht nur mich.

Weil das so auffallend ruhig im Flur ist, öffne ich die Tür ein kleines Stück. Gleichzeitig stemme ich meinen Fuß dagegen, damit ich sie schnell zudrücken kann, wenn mich mein Bruder überfallen sollte. Kein Bruder im Flur. Auch sein Zimmer ist leer. Ich reiß die Wohnzimmertür auf. Da liegt Rolf lang auf meinem Lieblingsplatz, dem Sofa.

Vater und Mutter sitzen in den Sesseln. Alle sehen fern. Rolf knabbert Salzstangen dazu.

Aber er soll nicht in Ruhe fernsehen können. „Mach mal Platz", verlange ich. Er hört nicht, starrt in die Mattscheibe. Na gut, wenn er nicht hören will. Mit Schwung setze ich mich auf seinen Bauch. Vor Schreck quiekt er. „Sei nicht so grob", sagt Mutter.

„Und fangt nicht schon wieder an", sagt Vater. „Wir möchten den Film sehen."

„Das ist aber kein Kinderfilm", höre ich von meinem Bruder. Dafür setze ich mich gleich nochmal auf ihn. Ich kenne das nämlich. Die drei sehen fern, und ich darf nicht dabei sein. Natürlich sagt Vater jetzt: „Der Film ist bald zuende, Hanna. Geh doch so lang in dein Zimmer."

„Wenn Rolf das sieht, kann ich das auch sehen", protestier' ich. In der Zwischenzeit hat er mich vom Sofa runtergedrängt. Dafür setze ich mich so vor das Fernsehbild, daß er garantiert nichts mehr erkennen kann.

„Zieh ab", sagt er. „Das Kinderprogramm ist längst zuende." Und Mutter muß ihm natürlich recht geben: „Rolf haben wir auch nicht erlaubt, so was zu sehen, als er so alt war wie du."

„Bei mir in der Klasse dürfen sie alle solche Krimis sehen", wehre ich mich. Mutter bleibt hart. „Stimmt nicht", sagt sie. „Darüber haben wir uns beim Elternabend unterhalten."

„Ihr seid gemein", schimpfe ich. Aber das nützt nichts mehr. Die sind ja so ungerecht, sitzen hier, und ich muß weg. „Ihr habt vorhin gesagt, wir sollen beide verschwinden", fällt mir ein.

„Das ist doch wohl längst erledigt", sagt Vater.

Rolf sagt scheinheilig: „Wenn nachher noch 'n Kinderfilm kommt, rufe ich dich."

„Hört jetzt endlich auf!" Vater und Mutter wollen Ruhe haben. Und ich muß wirklich raus. Vor Wut werfe ich die Wohnzimmertür hinter mir zu. Ich hocke allein in meinem Zimmer. Und mein großer Bruder liegt gemütlich auf dem

Sofa im Wohnzimmer, sieht mit den Eltern fern und knabbert Salzstangen. Vielleicht darf er sogar einen Schluck Wein trinken. Der darf so was manchmal, ich nie.

Plötzlich weiß ich genau, daß die Eltern diesen Schinkenfresser viel lieber mögen als mich. Immer darf der alles und ich nichts. Richtig eklig sind sie zu mir. Und deshalb fang' ich an zu heulen.

Dann fällt mir ein: Ganz eklig sind sie nicht immer. Jetzt schnief ich und hör' auf zu heulen. Papa hält auch mal zu mir, wenn Rolf mich ärgert, stimmt schon. Aber Mama nur manchmal, jedenfalls viel zu selten. Rolf ist ihr Liebling. Klar.

Unsichtbar möchte ich sein. Dann würde ich ins Wohnzimmer gehen und meinem salzstangensüchtigen Mistbruder alle Salzstangen wegfuttern. Vom Sofa würde ich ihn auch rollen und mich drauflegen. Keiner könnte mich sehen. Wäre prima. Und wenn Rolf dumm guckt, würde ich ihn boxen.

Aber ich bin nicht unsichtbar. Oder ... vielleicht doch? überlege ich und grinse... Ich hab' eine Idee... Auja. Sie sollen mich nicht sehen und hören. Trotzdem werde ich bei ihnen sein.

Schon stehe ich vor der Wohnzimmertür. Leise drücke ich den Türgriff. Einen Spalt ist die Tür offen. Ich schiebe sie noch ein Stück weiter auf. Die drei sitzen mit den Rücken zu mir und starren in den Kasten. Ich gehe auf die Knie und krieche über den weichen Teppich. Immer näher komme ich zu Vaters Sessel. Wahrscheinlich brauche ich gar nicht so vorsichtig zu sein. Die sehen und hören bestimmt nichts, sind ja fernsehblind.

Jetzt liege ich neben Vaters Sessel auf dem Teppich. Vater merkt nichts hinter den hohen Sessellehnen. Von hier aus kann ich gut mitgucken, mich kann niemand sehen.

Das ist wirklich ein Krimi. Ich merke das schon daran, wie die Autos hintereinander herrasen. Eine tolle Verfolgungsjagd. Reifen quietschen, ein Wagen schleudert.

Der Arm meines Vaters hängt jetzt über der Sessellehne.

Er rutscht langsam runter und auf mich zu. Zwischen zwei Fingern hält er eine Salzstange. Soll ich sie ihm wegnehmen? Ich schieb' mich ein bißchen näher. Dann stupse ich mit meinem Zeigefinger gegen seine Hand. Überrascht guckt er an der Lehne vorbei.

Er grinst, ich grinse. Und ich halte mir den Finger vor den Mund. Er soll mich nicht verraten.

Das hat er verstanden. Und er hat auch verstanden, daß ich Salzstangen möchte. Er gibt mir eine Handvoll. Ich liege da, knabbere. Dann macht er mir ein Zeichen, daß er mit mir in mein Zimmer gehen möchte. Meinetwegen, ich nicke und krieche über den Teppich zurück. Die beiden anderen merken davon nichts.

Vater kommt wirklich gleich zu mir. „Hab' eigentlich keine Lust auf den Krimi", sagt er. „Was wollen wir machen?"

„Mühle spielen", schlage ich vor. Das spielen wir dann auch, mein Vater und ich. Ich freue mich unheimlich, daß er bei mir ist. Zehn Minuten später kommt Rolf. „Ich möchte mitspielen", sagt er. „Erst sind wir mal dran", verlange ich. Das sieht er sogar ein. „Sagt ihr mir, wann ich mitmachen kann?" fragt er.

Ich bin ganz gnädig und verspreche ihm das.

Rolf geht in sein Zimmer. Er schaltet den Kassettenrecorder ein. Aber gar nicht so besonders laut. „Der ist ja plötzlich friedlich, der Schinkenfresser“, murmle ich leise vor mich hin. „Mal schaun, wie lange er das aushält.“

„Was ist?“ fragt Vater.

„Ach nix“, sage ich. „Du bist dran.“ Dann spielen wir weiter.

Kinder lösen ihre Konflikte selbst

In einem Streit läßt sich selten der Schuldige ausmachen: Der „Gute“ ist oft der Anstifter, der den „Schlechten“ herausfordert und auf hundert Arten provoziert.

Ein großer Teil des Eltern-Ärgers kommt aus einem übertriebenen Verantwortungsgefühl für die Kinder und ihr Wohl.

Was auch der Anlaß für Geschwisterstreit sein mag, Eltern machen die Dinge nur noch schlimmer, wenn sie sich einmischen. Sie berauben die Kinder dadurch der Gelegenheit, ihre Konflikte selbst zu lösen.

Ein Kind, dessen Streitigkeiten von anderen in Ordnung gebracht werden, kann nie lernen, mit schwierigen Situationen selbst fertig zu werden. Wenn Eltern Partei ergreifen, wird ein Kind der Sieger, das andere erleidet eine Niederlage.

Kinder, die ihre Streitigkeiten allein austragen, schaffen eine viel gleichwertigere und gerechtere Beziehung unter sich, als Eltern dies durch Moralpredigten oder Schiedsrichtermanier je erreichen könnten.

Vielen Streitigkeiten beugt man aber vor, wenn von Anfang an unterschiedliche Rechte und Pflichten bei verschiedenaltrigen Geschwistern verteilt sind. Es ist nicht gerecht, wenn der Jüngere ständig dieselben Rechte für sich beansprucht, die den Älteren zustehen (z.B. Bettgehzeiten, Fernseherlaubnis etc.).

Vor allem zum Zeitpunkt des Konflikts gilt der Grundsatz: Mund halten und Handeln! (Z.B. wer den Geschwisterstreit während einer Autofahrt nicht erträgt, kann einfach anhalten und so lange nicht weiterfahren, bis der Streit beendet wird. Wer dies *ohne Kommentar konsequent* praktiziert, kann den Unterschied zwischen Reden und Handeln deutlich spüren.

Das eigene Handeln muß von Festigkeit und Sicherheit begleitet sein. Solange man spricht, verwickelt man sich in fruchtlose Diskussionen mit feindseligen Gefühlsausbrüchen.

Kinder brauchen die Festigkeit, um ihre Grenzen erkennen zu können. Wer ein bestimmtes Verhalten einmal durchgehen läßt und beim zweiten Mal geradezu explodiert, schafft Verunsicherung, die Kinder dazu führt, dieses Verhalten möglichst oft einzusetzen, um herauszufinden, d.h. Sicherheit zu erhalten, welches der gezeigten Gefühle das echte ist.

Handeln statt Reden.

Selbstsicherheit verhindert manchen Streit

„Eine Ente ruderte einmal den ganzen Tag auf ihrem See herum und suchte vergeblich nach einem Fisch.

Als der Abend kam, ging der Mond auf, und sein Spiegelbild schwamm auf dem Wasser. Noch immer suchte die Ente müde und hungrig im Schilf nach Futter. Sie sah das Spiegelbild des Mondes, glaubte, es sei ein silbrigglänzender Fisch, und tauchte danach. Einige andere Enten hatten gesehen, wie ihre Gefährtin nach dem Mond tauchte, und bald lachten alle Bewohner des Sees über die Ente, die den Mond hatte fangen wollen.

Darüber schämte sich die arme Ente so sehr, daß sie nicht mehr wagte, noch einmal nach Futter zu tauchen, auch wenn die Fische im Wasser neben ihr vorüberglitten, aus Angst, alle anderen Enten würden wieder über sie lachen.

So wurde sie schwächer und schwächer, und nach ein paar Tagen starb sie vor Hunger, mitten in einem See voller Fische."

(„Die Ente, die den Mond fangen wollte" von Leo Tolstoj)

Ein Kind, das sich nichts traut, weil es sich nicht ernstgenommen fühlt, das vielleicht damit rechnen muß, ausgelacht zu werden, wenn es etwas vermeintlich Dummes tut, kann kein gesundes Selbstwertgefühl entwickeln.

Wer nicht gelernt hat, sich zu entscheiden, was für ihn wichtig und bedeutsam ist, wer nicht weiß, worin seine Fähigkeiten liegen, wer sich selbst nicht kennt, also kein Selbstbewußtsein hat, wird diese Unsicherheit dort auszugleichen versuchen, wo er „den starken Mann“ und sie „die starke Frau“ spielen kann.

Insofern haben Geschwisterstreitigkeiten mit Selbstbewußtsein und Selbstsicherheit zu tun: Selbstsichere Kinder sind weniger streitsüchtig. (Und Kinder selbstsicherer Eltern ebenfalls!)

Wer oft die Mittel von Zank und Streit einsetzt, ist sich seiner Stärke nicht bewußt. Aus dieser Unsicherheit heraus sucht er ständig durch Kraftproben nach Bestätigung – oder wenigstens Mitleid und Beachtung in seiner Schwäche. (Auch hier reagieren Erwachsene mit wenig Selbstbewußtsein ganz ähnlich!)

Wer sein Leben so wie die Ente in Tolstojs Fabel ausschließlich an den Reaktionen der anderen ausrichtet und seinen Eindruck von sich selbst nur auf das gründet, was andere von ihm denken, der ist arm dran.

Kinder brauchen unsere Aufmerksamkeit. Aber es gilt zu unterscheiden zwischen gebührender und ungebührlicher Aufmerksamkeit. Ein Kind, das dauernd Aufmerksamkeit sucht, ist immer auch ein unglückliches Kind. Es meint, ohne Aufmerksamkeit keinen Eigenwert zu haben, nicht dazu zu gehören. Dauernd sucht es eine Bestätigung seiner Wichtigkeit. Und so kommt es, daß das Kind, das die Liebe und Hilfe am meisten braucht, sich so garstig und streitsüchtig benimmt, daß es diese am wenigsten bekommt.

Im Betragen und im Umgang mit seinen Geschwistern wird die Selbsteinschätzung des Kindes sichtbar: Ein Kind, das seinen eigenen Wert bezweifelt, wird häufig herausforderndes und garstiges Benehmen einsetzen, um wenigstens nicht übersehen zu werden, wenn es schon nicht wegen positiver Beiträge beachtet wird. Das entmutigte Kind hält Streit und Rache für ein geeignetes Mittel, sich selbst seinen Wert zu bestätigen. Es zählt ja nur, wenn es andere verletzen kann – so wie es sich selbst verletzt fühlt.

Das Bestreben nach solcher Aufmerksamkeit entspringt mangelndem Selbstvertrauen – mangelndes Selbstvertrauen ist die Folge häufiger Entmutigung. Und solche Entmutigung können Eltern unter anderem durch übertriebenes Beschützen, etwa des Schwächeren bei einem Streit, regelrecht züchten.

Deshalb sollten Eltern bei solchen Streitigkeiten verletzte Kinder nicht bedauern, bemitleiden oder übermäßig trösten. Schmerzen und Unannehmlichkeiten zu erdulden, ist eine lebensnotwendige Erfahrung. Davor kann uns niemand bewahren. Daher verhindern Mitleid und übermäßiger Trost die Fähigkeit, mit solchen Dingen fertig zu werden. Kinder

lernen Enttäuschungen leichter zu ertragen, wenn wir Mitleid vermeiden. Wer ständig Mitleid zeigt, unterstellt bzw. bekundet – ohne es zu wollen! – dem Bemitleideten Unterlegenheit. Das Kind kann seine eigene Stärke nicht erleben.

Immer wenn wir für ein Kind etwas tun, was es selbst tun kann, zeigen wir ihm, daß es mit schwierigen Situationen nicht selbst fertig werden kann. Kinder müssen aber lernen, wie sie z.B. mit Schmerz fertig werden. Ein blaues Auge nach einem Streit heilt rasch – gemessen an verletztem Mut und Selbstvertrauen.

Wir sollten also nie etwas für das Kind tun, was es selbst tun kann. Das wäre entmutigend. Das Gefühl der Sicherheit kann nur auf der Erkenntnis der eigenen Fähigkeit aufgebaut werden. Probleme zu lösen und dadurch Selbständigkeit zu entwickeln.

Gleiches gilt für die Eigenverantwortung. Eltern sollten nicht ständig die Verantwortung der Kinder auf sich nehmen und die Folgen der kindlichen Handlungen tragen wollen. Das ist Sache des Kindes selbst! Wer seine Zeit nicht richtig einteilt, trödelt und dadurch zu spät kommt, muß auch die Folgen tragen, um daraus und daran lernen zu können. Warum muß sich die Mutter dafür verantwortlich fühlen? („Was soll der Lehrer, was sollen die Leute von mir denken?" ...)

Ein Kind lernt z.B. mehr dadurch, wenn es aus freien Stücken in Eigenverantwortung eine Entscheidung trifft, die sich als falsch herausstellt, als daß es die richtige trifft, die wir ihm verordnet haben.

Natürlich darf die Forderung nach mehr Erziehung zur Selbständigkeit das Kind nicht überfordern. Diese Gefahr ist in der Praxis aber selten zu finden. Im Gegenteil neigen viele Eltern dazu, ihren Kindern viel zu viel Verantwortung abzunehmen – selbst für die schulischen Leistungen des Kindes fühlt sich manche Mutter, mancher Vater alleinverantwortlich. Und nach ein paar Jahren jammert dieselbe Mutter, derselbe Vater über die Unselbständigkeit ihres Kindes.

Selbstverständlich ist das Kind in seinem Tun darauf angewiesen, auf seine Fähigkeiten vertrauen zu können. Ermutigung heißt das Stichwort. Viele Eltern wissen das und loben ihre Kinder in bester Absicht und sind manchmal überrascht von den Folgen...

Daniela meldet sich zum Trompeten-Unterricht. Sie findet auf Anhieb den richtigen Ansatz. Der Musiklehrer lobt sie: „Du bist ja großartig! Du wirst eine tolle Trompeterin." Daniela hört auf zu spielen, sie hat keine Lust mehr.

Alexandra hat Geburtstag. Zu Hause wird ein fröhliches Fest gefeiert. Die Kinder singen, essen, lachen und spielen. Alles ist in bester Ordnung. „Seht einmal, wie nett Ihr sein könnt", spendet die Mutter erfreut ein dickes Lob. Doch kurz darauf ist die „Hölle los". Spielkarten fliegen zerknickt durch die Luft, Ellenbogen und Füße betreiben die altbekannte „Geschwistergymnastik" ...

Wie soll man das verstehen? In beiden Fällen hätte das Lob doch als Ermutigung oder Verstärker für das Wohlverhalten wirken müssen. Ist es etwa verkehrt, Kinder zu loben? Gewiß nicht. Es gilt aber zu unterscheiden zwischen fördernd-forderndem und herausfordernd-überforderndem Lob.

Der Musiklehrer möchte Daniela seine Anerkennung aussprechen, sie ermutigen weiterzuüben. Nur bedenkt er nicht, in welchen Konflikt er das Mädchen bringt: „Der Lehrer hält mich für eine gute Musikerin. Dabei war es mehr Zufall. Wenn ich weiterspiele und nicht mehr so gut bin, ist der Lehrer bestimmt enttäuscht. Dann hör' ich lieber auf und laß ihn in dem Glauben, daß ich gut bin..."

Der Musiklehrer hätte statt dieses überfordernden Lobs besser fördernd gelobt: „Du hast den Ton jetzt sehr sauber getroffen!" Damit hätte er Daniela ermutigt und angespornt. In diesem Lob wird dem Kind ja keine Eigenschaft zugeschrieben, die es gar nicht hat oder gar nicht zu haben glaubt. Ein Lob, das den Charakter des Kindes beurteilt, ist selten hilfreich und meist entmutigend. Ein Urteil über seinen Charakter bringt das Kind in Konflikte. Es muß befürchten, bestimmte Erwartungen nicht erfüllen zu können oder es muß beweisen, daß dieses Urteil falsch ist (wenn es z. B. gar nicht so sein will, wie es im Lob charakterisiert wird).

Besser ist es, auf die Handlung selbst einzugehen, indem man ausdrückt, was man wahrnimmt und fühlt, ohne ein moralisches Urteil abzugeben. Das beste Lob ist, ein Kind spüren zu lassen, daß es in dem, was es sagt und tut, ernstgenommen wird.

Gleiches gilt für das Tadeln. „Du bist ekelhaft, wie Du beim Essen immer die Nase hochziehst, jetzt putz' Dir endlich

Deinen Rüssel!" Sicher ein verständlicher Tadel, aber dennoch keiner, an dem das Kind in seiner Selbstachtung wachsen kann. Tadel, der das Gefühl vermittelt, schuldig oder schlecht zu sein, wirkt als destruktive Kritik, die das Kind dazu bringt, sich selbst als unanständig, schlecht, faul, böse, rücksichtslos, streitsüchtig, dumm oder gedankenlos anzusehen. Insofern hat die alte Redensart: „Sag einem Kind oft genug, wie schlecht es ist, und es wird schlecht werden", nach wie vor Gültigkeit. Das heißt aber nicht, daß das Kind seine Fehler nicht erfahren soll. Im Gegenteil. „Glücklich sind, die erfahren, was man an ihnen aussetzt, und sich danach bessern können", läßt Shakespeare den Benedict in „Viel Lärmen um Nichts" sagen. *Richtiges* Tadeln bedeutet nichts anderes als konstruktive Kritik. Selbstsichere Menschen können konstruktive Kritik nicht nur gut vertragen, sondern sind sogar dankbar dafür.

In dem Beispiel mit der unangenehmen Nasenschnieferei könnte der Hinweis genügen: „Es stört mich, wenn Du beim Essen die Nase so hochziehst." Wird dieser Tadel so vorgebracht, daß dahinter die Haltung spürbar wird: „Ich finde es schade, daß unsere Beziehung darunter leidet", so kann das Kind sich wirklich angenommen fühlen – trotz der brabbelnden Nase. Ein solches Gefühl ist nicht nur angenehm, sondern stärkt auch noch das Selbstbewußtsein – wie es durch destruktives Tadeln geschwächt wird.

Claudia ist wütend. Worüber, läßt sich im Augenblick nicht erkennen. Möglicherweise weiß sie es selbst nicht. Ihr kleiner Bruder spielt friedlich mit seinen Bauklötzen und hat eine ganze Stadt aufgebaut. Plötzlich rauscht Claudia vorbei und absichtlich-unabsichtlich schwenkt sie ihre Tasche über die Türme und Dächer der Holzstadt: Das Poltern der Klötze geht unter in giftigem Schreien, schrillem Brüllen und einer Kette von Schimpfwörtern, die von außerordentlicher Schöpfungsgabe zeugen. (Doch ohne Kläranlage dürfen hier keine Kostproben angeboten werden...)

„Ruhe jetzt!" bereichert die Mutter den Tumult. Sofort hat sie die Lage erfaßt (meint sie) und spricht im Schnellverfahren mit dem Brustton der Überzeugung ihr Urteil: „Claudia, schäm' dich, du bist ein hinterhältiges Biest!" Das war für heute bereits das zweite Urteil. Das erste war schon beim Mittagessen fällig. Claudia war eine Kartoffel auf soßiger Startbahn mit etwas „Gabeldrive" vom Teller geflutscht. „Du bist aber auch ein Schwein!" braust Mutter „treffsicher" auf, noch ehe das Geschoß richtig auf Omas Bluse gelandet war.

Schade, schade, wie diese Mutter nicht nur ihre Nerven strapaziert, sondern auch das Kind systematisch verunsichert.

Dabei geht es gar nicht um das Schimpfen oder Tadeln als solches. Es ist ein ganz ganz kleiner Unterschied, der dieses belastende Gewicht ausmacht: Die Mutter unterscheidet nicht die „Tat“ vom „Täter“. Denn das Versagen weist nur auf einen Mangel an Fertigkeit hin und in keiner Weise berührt es den *Wert* des Betreffenden.

Vielleicht hat Claudia sich wie ein „hinterlistiges Biest“ oder (wenn es schon sein muß...) wie ein „Schwein“ benommen. Deswegen *ist* sie aber weder das eine noch das andere. Wer sich um diese feine Unterscheidung ernsthaft bemüht, erlaubt seinem Kind, einen Fehler machen oder auch versagen zu können, ohne daß es sich dadurch in seiner Selbstachtung getroffen fühlt. Ein Kind, das Selbstsicherheit gewinnen soll, muß sich akzeptieren können wie es ist. Die Schwächen gehören genauso dazu wie die Stärken. Für die Entwicklung dieser notwendigen Fähigkeit hat der alte Pestalozzi-Grundsatz nichts an Bedeutung verloren: „Vergleiche nie ein Kind mit einem anderen, sondern immer mit sich selbst!“ Erwachsene reagieren oft ungehalten, wenn ihnen „Vergleichsfiguren“ vorgehalten werden. Kinder mögen das ebensowenig. Da jeder Mensch ständig in der Entwicklung steht, gibt es genügend Vergleichsmöglichkeiten mit sich selbst. Gestern habe ich es so weit geschafft; daran verglichen war es heute weniger, genauso viel oder mehr. Na also.

Auch die ständigen Zurechtweisungen „Laß das!“, „Beeil Dich!“, „Mund zu beim Essen!“ usw. zeugen nicht gerade von besonderer Wertschätzung des Kindes. Wir sollten unseren Kindern viel öfter sagen, daß wir uns freuen, wenn sie da sind – einfach so.

Eine solche Wertschätzung können die Geschwister dann auch untereinander zum Ausdruck bringen. Wenn häufige Wortgefechte zwischen Geschwistern vollgespickt sind von beleidigenden Wortschöpfungen, über die man wirklich nicht mehr lachen kann, dann meine ich, sollte die Familie einmal überlegen, wie sie alle es mit der gegenseitigen Wertschätzung halten. Ein „vornehm“ formuliertes „Dreckspatz!“ in ernstem Ton aus Elternmund hat den gleichen Stellenwert eines zornig nachgerufenen „Drecksau!“ von Geschwister zu Geschwister. Auch der Weg vom „Depp“ zum „Affenarsch“ liegt in derselben Wohnung...

Diese Prädikate charakterisieren keine Atmosphäre, in der sich jemand wohlfühlen kann.

Wie reagieren Sie als Erwachsene auf ein Kompliment? Wenn es keine plumpe Schmeichelei, sondern Ausdruck der Wertschätzung ist, hebt es dann nicht Ihr Selbstgefühl? – Machen wir unseren Kindern doch öfter mal ein ehrliches Kompliment!

Ich habe einmal die helle Freude einer ganzen Familie beobachten können, die an einem Osterfest eine Variante des Eiersuchens praktizierte: Viele kleine „Komplimente-Nester“ waren überall versteckt. In jedem Nest steckte ein Kompliment-Zettelchen für den Empfänger. „Ich möchte Dir sagen, daß ich es toll von Dir fand, daß Du mir erzählt hast, daß auch Du manchmal Angst hast. Dein Richard.“ Dieses Kompliment freute den Vater genauso wie die kleine Sabine strahlte als sie lesen konnte: „Mir gefällt an Dir, daß Du so oft und herzerfrischend lachst. Deine Mama“.

Und so fand jeder von jedem einen liebenswürdigen Satz. Können Sie sich vorstellen, daß ein Ei – und wäre es noch so glänzend bunt gewesen – den Glanz dieser Zettelchen hätte übertreffen können?

Um in Ihrer Familie etwas Ähnliches zu machen, müßte man ja nicht unbedingt bis zum nächsten Osterfest warten!?

Wir alle brauchen mehr Gelegenheiten, uns auf das zu konzentrieren, was wir gut gemacht haben, was uns angenehm ist. In der Erziehung zur Selbstsicherheit spielt die Stärkenanalyse eine ganz entscheidende Rolle.

Zwar lernt man bekanntlich aus Fehlern, aber wenn Fehlerforschung und Schwachstellenanalysen im Vordergrund stehen, d.h. wer in dieser Weise fast nur mißerfolgsorientiert vorgeht, wird es schwer haben, gesundes Selbstbewußtsein und stabiles Selbstvertrauen zu entwickeln.

Die Stärkenanalyse ist demgegenüber nicht nur angenehmer, sondern auch erfolgversprechender: **Ich orientiere mich**

an dem, was ich kann und nicht an dem, was ich nicht kann. So glaube ich an mich selbst; denn wenn ich es nicht tue, wer soll denn dann an mich glauben.

Ermuntern Sie Ihr Kind, bei Gelegenheit einmal diesen oder einen ähnlichen Satz in schönen Lettern aufzuschreiben und als „Plakat zur Seelenmassage und -stärkung“ über den Schreibtisch oder übers Bett zu hängen.

Ich kenne eine Mutter, die hat ihrer kleinen Tochter ein solches Plakat gemalt und zum Geburtstag geschenkt: „Wie schön, daß Du geboren bist – wir hätten Dich sonst sehr vermißt!“ Es ist nämlich eine besonders wertvolle Erfahrung, feststellen zu dürfen, daß man nicht nur wegen seiner Leistungen anerkannt und geliebt wird, sondern weil man einfach nur da ist.

Wer auf Anhieb gar keine Stärken, nichts Liebenswürdiges an sich entdeckt, muß so lange suchen, bis er eine Fähigkeit oder einen Wert an sich findet.

Neben den Ermutigungs-Plakaten könnte das Ergebnis der Stärkensuche bzw. -analyse durch ein Erfolgssymbol verstärkt werden. Fast jeder von uns umgibt sich gern mit Symbolen seiner Erfolge. Das können Urkunden, Zertifikate, Fotos oder Trophäen sein. Sprechen Sie von Zeit zu Zeit mit Ihren Kindern über deren Erfolgssymbole.

Den gebrauchten Pappteller einer Bratwurstbude aufzubewahren, erscheint wenig sinnvoll. Einen solchen mit eingetrockneten Senf- und Fettspuren gar an die Wand über seinen Schreibtisch zu hängen, empfindet wohl nicht nur ein Ästhet als Geschmacksverirrung.

Und doch hat der „Senfteller" über meinem Schreibtisch eine ganz starke Ausstrahlungskraft: Wenn ich an einer schwierigen Aufgabe sitze, die ich nicht konkret anzupacken weiß, vor der ich mich ganz gern drücke, oder wenn ich mich zur Rechtfertigung vor mir selbst bereits mit glaubwürdigen Ausreden beschäftige, genügt manchmal ein Blick zu jenem persönlichen „Erfolgssymbol" ...

Und das kam so: Vor einigen Jahren traf ich auf einem Rummelplatz ein paar meiner Schüler. Spontan luden sie mich zu einer Achterbahn-Fahrt ein. Ich wehrte mich mit tausend Ausreden. Meine Schützlinge ließen nicht locker. Offenbar spürten sie, daß nichts anderes als meine Angst im Wege stand. Als ich mir selbst diese Angst eingestand und sie nicht mehr zu verdrängen suchte, gelang es mir, mit einem „Also dann, los geht's!" einzusteigen.

Nachdem ich die erste Fahrt überstanden, das heißt erlebt hatte, lud ich die Schüler zu weiteren Fahrten mit mir ein. Als ich etwas „durchgedreht", aber stolz, wieder festen Boden unter den Füßen hatte, überreichten mir zwei Schüler den besagten „Senfteller", den sie flugs zu einer Urkunde gestaltet hatten: „Man sieht's ihm an, er ist geschafft – er lebe hoch, er hat's geschafft! Ort, Datum, Unterschriften…"

Diese Anerkennung meiner Selbstüberwindung weiß ich heute noch zu schätzen.

Spätestens diese „Senfgeschichte" müßte bei der Stärkensuche eine „heiße Spur" aufdecken…

Eltern, die unter dem Zank und Streit ihrer Kinder leiden, sollten die Stärkung des Selbstbewußtseins und die Förderung der Selbstsicherheit als besonders wirkungsvolle Methoden zur Eindämmung derartigen Ärgers einsetzen.

Selbstsichere Kinder sind aufgeschlossener, aktiver und weniger aggressiv, weil sie besser mit sich selbst und ihrer Umgebung zurechtkommen.

Wer sich seiner selbst sicher ist, richtet nicht sein ganzes Reden und Handeln am anderen aus. Er schielt nicht ängstlich nach dessen Anerkennung, sondern findet sie einfach – nicht zuletzt, weil er sich selbst mag. Denn: Wer sich selbst nicht riechen kann, der stinkt auch anderen…

Selbstvertrauen stärken

Ein Kind, das dauernd Aufmerksamkeit sucht, ist fast immer ein unglückliches Kind.

Das Kind, das die Liebe und Zuwendung am meisten braucht, benimmt sich so aufdringlich und streitsüchtig, daß es diese am wenigsten bekommt.

Übertriebenes Beschützen entmutigt, Mitleid Erfahren schwächt das Selbstvertrauen.

Nie etwas für das Kind tun, was es selbst tun kann. Das Kind muß lernen, Verantwortung für sein Tun zu übernehmen.

Lob und Tadel sollten nie den Charakter des Kindes beurteilen. Besser ist es, auf die Handlung selbst einzugehen. Es gilt, immer die „Tat“ vom „Täter“ zu unterscheiden.

„Vergleiche nie ein Kind mit einem anderen, sondern immer mit sich selbst.“

Die guten Seiten des Kindes zu betonen, bedeutet, das Klima gegenseitiger Wertschätzung verbessern. Ehrliche Komplimente sind Vitamine für die Stärkung des Selbstwertgefühls.

Stärken- statt Schwächenanalyse betreiben.

Das Kind muß die Erfahrung machen dürfen, daß es nicht nur wegen seiner Leistungen und Fähigkeiten Liebe und Anerkennung findet, sondern auch dadurch, weil es einfach nur da ist.

Verstehen beginnt mit aktivem Zuhören

„Ein Schwein, das auf einem Bauernhof lebte, hörte, wie sich die Menschen stets mit seinem Namen beschimpften. Die Magd sagte zum Knecht: „Du hast mich belogen, du bist ein Schwein!"

Der Bauer sagte: „Dieser Händler ist ein Schwein, er hat uns betrogen!" Und die Bäuerin schalt die Magd: „Wie schmutzig und unordentlich ist die Küche. Das ist doch eine Schweinerei!"

So ging es fort, und das Schwein kränkte sich immer mehr und mehr darüber. Eines Tages, als es wieder zuhören mußte, wie man seinen Namen mißbrauchte, legte es sich in seinem Koben nieder und weinte. Im Stall war aber auch ein munterer kleiner Esel. „Warum weinst du?" fragte er voll Anteilnahme das Schwein. „An meiner Stelle würdest du auch weinen", schluchzte das Schwein. Und es erzählte alles dem Esel.

Der Esel hörte mitfühlend zu und sagte: „Ja – das ist wirklich eine Schweinerei!"

(„Warum das Schwein weinte" von Iwan Krylow)

„Du hörst mir ja überhaupt nicht zu, wenn ich mit Dir rede!" Wer diesen Vorwurf oft erheben kann, muß oder müßte ihn wahrscheinlich genauso oft zu Recht anhören. In Gesprächen mit unseren Kindern kommen viel mehr „Esel" als „Schweine" vor…

Zuhören hat etwas mit Schweigen zu tun; dies bedeutet aber nicht Teilnahmslosigkeit. Im Gegenteil: Zuhören, aktiv zuhören, heißt intensive Anteilnahme. Das Schweigen ist in erster Linie Ausdruck des Zeithabens, Wartenkönnens, des Zurückhaltens eigener Äußerungen.

Ein Kind, das sich angenommen und verstanden fühlt, neigt weniger zu Streitereien. Wenn dieses persönliche positive

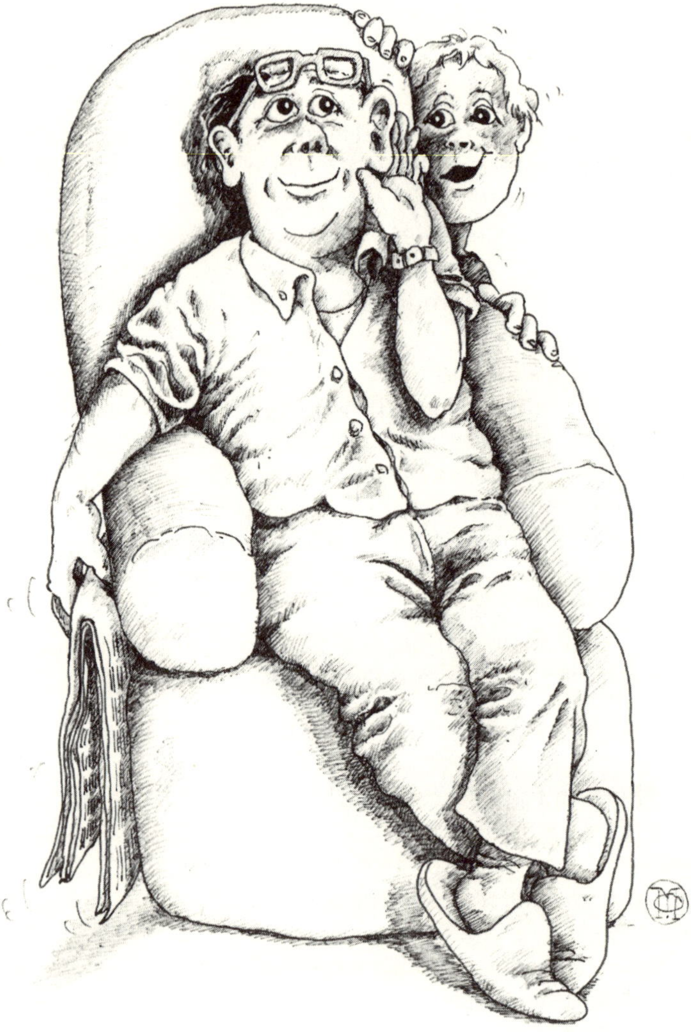

Erlebnis jedoch fehlt, dürfte der Hang nach „Ausgleichskämpfen“ größer sein.

Der „Ton“, den das Kind im Gespräch mit den Eltern erlebt, ist prägend für den „Ton“, den es im Umgang mit seinen Geschwistern einsetzt. So wie es auch in seinem Verhalten stärkere Aggressionen zeigt, wenn es von ihm geschätzte Erwachsene oft aggressiv erlebt.

Der „Ton macht die Musik“ und „wie man in den Wald ruft, so schallt es heraus“, sind Binsenweisheiten, die aber unverändert gültig geblieben sind.

Eltern machen vielleicht eine überraschende Entdeckung, wenn sie einmal darauf achten, wie sie mit ihren Kindern sprechen. Erfolgt dies in dem normalen Ton, den sie mit anderen Erwachsenen gebrauchen? Neigen wir nicht zu stark dazu, von oben herab mit den Kindern zu reden – in einem eigenen „kindgerechten Ton“?

Wirklich verstehen können wir unsere Kinder aber nur, wenn wir wie mit Freunden mit ihnen sprechen, die gleichberechtigt sind. Nur so ist beiderseitige Verständigung möglich.

So ist auch das Anschreien ein schmerzhafter Ton, der im Kind nachschwingt und bei nächstbester Gelegenheit an ein Geschwister weitergereicht wird, und wieder ist ein Geschwisterstreit vorprogrammiert. Ganz abgesehen davon, daß der schreiende Erwachsene in einer Art oraler Aggression nur seine eigenen momentanen Bedürfnisse befriedigt.

Kinder benutzen solche „Mißtöne“ ganz offen und unvermischt wie sie gewohnt sind, daß mit ihnen geredet wird. Sie übernehmen das Sprachklima so wie sie es halt empfinden und verzichten auf das Überspielen von Mißtönen, das der Erwachsene mit seinem Instrumentarium gelegentlich aussteuert.

Zurück vom Reden zum Zuhören.

Dem Kind aktiv zuhören heißt, seine kindliche Logik entdecken und begreifen.

Angenommen, der Vater hört zwei seiner Kinder streiten, weil das eine beim Kartenspiel gemogelt hat. Er beschließt, sich nicht einzumischen. (Er hat sich das 2. Kapitel dieses Buches zu Herzen genommen...) Später aber, als kleine

Wölkchen der Friedenspfeife auszumachen sind, leitet er ein Gespräch mit den beiden über Schwindeln ein: „Ihr wißt doch, daß Schwindeln den Spaß am Spiel verdirbt. Ihr habt doch viel mehr davon, wenn Ihr Euch beide an die Spielregeln haltet." Das sagt er nett und freundlich in bester Absicht. Aber ein Gespräch will nicht richtig in Gang kommen nach dieser gutgemeinten Predigt.

Der kritische Unterton, der dem Moralisieren zugrunde liegt, gibt den Kindern das Gefühl – wenn auch sanft, so doch angegriffen zu werden.

Nehmen wir an, der Vater hätte ein oder zwei Tage später gesagt: „Mich interessiert da etwas. Ein paar Kinder spielen ‚Mau-Mau' und das eine mogelt. Und schon ist ein toller Streit im Gang. Was mich dabei interessiert: Warum mogelt das eine Kind?" – „Weil es gewinnen will" – „Weil es nicht verlieren kann" – „Weil es ein Spielverderber ist". Die Antworten sprudeln nur so. Der Vater fragt bei jeder Antwort des einen, was der andere von dieser hält. Er kommt dann zu der Frage: „Was könnte jeder tun, um den Spaß an diesem Spiel nicht zu verderben?"

Es folgen Antworten, die zeigen, wie die Kinder denken. Der Vater hatte zum Nachdenken angeregt. Mögliche Lösungen des Problems haben die Kinder selbst aufgezeigt. Im Grunde hat der Vater seinen Kindern nur zugehört.

Solche Gespräche werden leider zu oft im Keim erstickt. So wundern sich viele Eltern auch, warum Kinder ihnen immer weniger mitteilen. Daß sie darüber traurig sind, ist verständlich und berechtigt – aber Traurigsein ist keine Problemlösungsstrategie.

Eltern haben es in der Hand, Gespräche mit ihren Kindern zu bremsen oder anzukurbeln, abzuwürgen oder zu fördern. Sie können Gespräche herausfordern oder im Keim ersticken.

Das Kind, das erlebt hat, wie schön es ist, wenn man einen Gesprächspartner hat, der zuhört und versteht, gibt dieses Erlebnis in vielfältiger Form in seinem Verhalten weiter – dies gilt auch für Geschwister untereinander. In einem solchen Klima können Streitigkeiten nicht mehr recht gedeihen …

Eltern, die ihren Kindern aktiv zuhören, bedienen sich nicht nur einer sehr wirkungsvollen Methode, sondern auch einer sehr angenehmen – wenngleich manchmal anstrengenden.

Wer die „Gesprächsbremsen“ und die „Gesprächskurbeln“ kennt, hat sein „Ohr am rechten Fleck“...

Gesprächsbremse 1: Ironie

„Warum darf ich nicht mehr Zucker in den Tee tun?“ – „Nichts übertreiben, Du bist schon so süß heute, daß es ohnehin kaum auszuhalten ist!“

Eine solche Bemerkung verletzt, weil das Kind sich nicht ernstgenommen fühlt. Wer so verärgert wird, zieht sich entweder zurück oder greift den anderen an.

Wer häufig Ironie einsetzt, verbirgt dahinter oft seine Unsicherheit.

Kinder, die sich von ihren Eltern nicht ernstgenommen, ja verspottet fühlen, werden ihrerseits verunsichert. Insofern wirkt die Ironie nicht nur als Gesprächsbremse, sondern Kindern gegenüber als Gesprächsblockade, gelegentlich sogar als eine Form seelischer Prügel. Wer Ironie und Sarkasmus ertragen soll, muß eine gute Portion Selbstbewußtsein und einen breiten Rücken haben. Kindern fehlt auf jeden Fall der breite Rücken.

Der Ärger über das verletzte Selbstwertgefühl macht den nächsten Geschwisterstreit nur noch zu einer Frage der Zeit...

Gesprächsbremse 2: Drohen

„Wenn Du das Geschirr nicht abtrocknest, kannst Du mir mit Deiner Geburtstagsparty gestohlen bleiben!“

Fühlt das Kind sich unter Druck gesetzt, versucht es einem Gespräch auszuweichen. Wer dem Kind droht, hat auch nicht das Bedürfnis, es in seinem Verhalten zu verstehen, etwas aus ihm heraushören zu wollen. Vielmehr soll es die Interessen der

Eltern wahrnehmen oder sich nach ihren Vorstellungen richten.

„Wenn Du den Tisch nicht deckst, bin ich aber traurig", ist ebenfalls ein Versuch, das Kind durch Liebesentzug zu erpressen, einem weit verbreiteten, äußerst fragwürdigen Erziehungsmittel. Die Folge ist, daß es den Erwartungen meist entspricht, ohne dies selbst zu wollen – also den Tisch deckt, um späteren unangenehmen Gefühlen zu entgehen. Oder es trocknet ab, um sich die spätere Annehmlichkeit der Geburtstagsparty zu erkaufen. Oder aber das Kind tut es nicht und nimmt die möglichen negativen Folgen in Kauf.

In beiden Fällen bleibt ein unangenehmes Gefühl zurück, das nicht nur die Gesprächsbereitschaft lähmt, sondern die Beziehung insgesamt störend beeinflußt. Das Kind fühlt sich erpreßt und wartet nur noch auf eine Möglichkeit, sich dafür zu rächen. „Geeignete Opfer": Geschwister...

Gesprächsbremse 3: Vorwürfe

„Kannst Du mir mal sagen, wo Du so lange warst!? Das ist aber auch immer das gleiche Theater mit dir!"

Tadeln, kritisieren oder ermahnen wir unsere Kinder regelmäßig oder sagen wir etwas, das sie demütigt, schließt sich sofort die Tür für weiteres Vertrauen.

Unsere Kinder können nicht offen mit uns sein, solange wir ihnen vorhalten, wie unrecht sie haben. Vorwürfe rufen schnell das Gefühl im Kind hervor, daß es im Augenblick keine Chance hat, angenommen zu werden. Es antwortet mit Rechtfertigungen oder reagiert trotzig und schweigt.

Gesprächsbremse 4: Besserwissen

„Ich kann mich in meinem Zimmer einfach nicht richtig konzentrieren!"

„Ja, aber Du hast doch alles, was Du wolltest: den Schreibtisch, die Lampe, das Regal, und, und, und. Was brauchst Du denn noch!?"

Wer durch solche Antworten die Empfindungen des Kindes gleichsam in Frage stellt, hat sich vielleicht so stark mit seiner eigenen Meinung beschäftigt, daß er nicht in der Lage ist, die Gefühle des anderen nachzuvollziehen.

Wir glauben, zu wissen, was das Kind meint und fühlt, ohne daß wir ihm zuhören.

Woher wissen Eltern eigentlich immer, was für ihr Kind gut ist, wo der Schuh drückt und welche Lösung dafür angemessen ist? Ist es nicht ziemlich vermessen, eine Lösung für ein Problem anzubieten, ohne das Problem überhaupt zu kennen, weil wir ja noch gar nicht zu Ende zugehört haben?

Vielleicht hängt es aber auch damit zusammen, daß wir unsere eigenen Gefühle – unbewußt – übertragen, weil wir gedanklich mit uns selbst beschäftigt sind. So wird etwa die schlechte Laune nicht mitgeteilt, sondern eher verleugnet, d. h. ich will sie nicht wahrhaben und übertrage sie schließlich auf das Kind, indem ich sie ihm unterstelle: „Du mußt mal wieder früher ins Bett, damit Du besser ausgeschlafen bist und nicht so mies gelaunt herumläufst!"

Das weitere Verhalten des Kindes beweist die Richtigkeit von „Diagnose und Therapie" ...

Nur habe ich vom Kind nichts erfahren, weil ich es von vorneherein besser wußte.

Gesprächsbremse 5: Ausfragen

„Na, wie bist Du mit den Mathe-Aufgaben zurecht gekommen? Erzähl doch mal! – Muß ich Dir denn jedes Wort einzeln aus der Nase ziehen!?"

Solches Ausfragen geschieht oft in Situationen, in denen Eltern die Neugier und das eigene Interesse nicht zurückstellen können. Sie beschäftigen sich zwar mit dem Thema des Kindes, aber ganz auf sich bezogen, ohne auf die momentanen Gefühle des Kindes einzugehen.

So kommen nur widerwillig Antworten, ein eigentliches Gespräch kommt nicht zustande, weil das Kind das Gefühl hat, ohnehin nicht verstanden zu werden.

Gesprächsbremse 6: Überreden

„Eigentlich habe ich gar keine Lust, zu Nicos Geburtstagsfete zu gehen!"

„Das kannst Du aber jetzt nicht machen; überleg' doch mal, wieviel Arbeit er sich mit den Vorbereitungen gemacht hat. Das wird bestimmt ganz nett, wenn Du erst mal da bist!"

Ähnlich wie bei der vierten Gesprächsbremse des Besserwissens kann das Kind hier das Gefühl haben, daß ihm jemand seine Unlust nicht ernst nimmt, daß es ganz anders empfinden müßte, wenn es nur richtig überlege.

Wenn Eltern das auslösende Gefühl im Gespräch gar nicht aufgreifen, also zum Beispiel die Ursachen für die Unlust erfragen, sorgen sie dafür, daß das Kind sich bevormundet vorkommt.

Sicher haben Eltern die ehrliche Absicht, zu ermuntern oder zu ermutigen – trotzdem fühlt das Kind sich unverstanden.

Gesprächsbremse 7: Lebensweisheiten

„Ich weiß nicht, wie ich es fertigbringen kann, in der nächsten Arbeit nicht so aufgeregt zu sein."

„Du darfst Dir die Angst nicht dauernd einreden. Also ich habe mir immer gesagt: Das schaff ich schon!"

Ein guter Ratschlag ist nichts Schlechtes, vor allem, wenn dem Ratsuchenden Informationen fehlen.

Gutgemeinte Ratschläge aber, zu denen das Kind oft keine Beziehung haben kann „Was wären wir früher froh gewesen, wenn…„), sind vor allem dann als Gesprächsbremse wirksam, wenn sie vorschnell fertige Lösungen anbieten. Dann gilt: „Auch Ratschläge sind Schläge!"

Jemanden durch gutgemeinte Ratschläge daran zu hindern, selbst eine Lösung zu finden, unterstützt entweder die Bequemlichkeit oder unterstreicht das Gefühl der Unselbständigkeit.

Gesprächsbremsen zu kennen und sie selten oder möglichst gar nicht einzusetzen, ist das eine. Gespräche zu fördern, durch aktives Zuhören die bessere Verständigung untereinander anzustreben, die andere, wichtigere Seite.

Ich hoffe, daß die sieben „Gesprächskurbeln" dazu beitragen können, Geschwisterstreitigkeiten zu reduzieren, weil Kinder sich besser verstanden fühlen und in Konfliktsituationen den Streit mit einem der Geschwister seltener als „getarnten Arenaplatz" für ein eigentlich anderes (verdecktes) Problem benutzen.

Gesprächskurbel 1: Ernstnehmen

„Möchtest Du mir nicht sagen, was mit Dir los ist?", ist vielleicht eine liebenswürdige Aufforderung zu einem Gespräch, „ich möchte Dir gern zuhören!", ist dagegen sicherlich eine Formulierung, in der das Kind deutlicher als Partner angesprochen wird.

Es ist notwendig, unsere Kinder als Partner zu akzeptieren, wenn es um die Aufgabe geht, Familienharmonie zu schaffen. Dabei hat das gegenseitige Ernstnehmen Vorrang. Dies gilt so grundsätzlich, daß es dafür auch keine Einschränkung – auch keine Altersgrenzen – gibt.

Gesprächskurbel 2: Abwarten

„Was lange gärt, wird endlich Wut!" – Nun, so lange sollen wir auch wieder nicht abwarten.

Das Kind ist – wie der Erwachsene – nicht zu jedem Zeitpunkt in der richtigen Verfassung, sich in einem Gespräch mitzuteilen. Wenn es aber spürt, daß Eltern ihm Zeit lassen, d.h. die Entscheidung öfter bei ihm selbst liegt, wird die Gesprächsbereitschaft steigen. Außerdem empfindet das Kind es als angenehm, wenn Eltern nicht pausenlos auf es einreden.

Gesprächskurbel 3: Bewertung zurückstellen

„Mutti, ich mag heute nicht zu Jürgen gehen!"

„Jetzt sag bloß, ihr habt euch schon wieder in der Wolle!?"

In unseren Antworten neigen wir viel zu sehr dazu, Bewertungen auszusprechen – und obendrein noch viel zu früh.

Wollen wir ein echtes Gespräch fördern, müssen wir viel sparsamer mit Bewertungen umgehen.

Machen Sie mit Ihren Kindern doch einmal eine kleine Übung, die in Arbeitssitzungen von Führungskräften als brainstorming (Ideenfindungstechnik) bekannt ist:

Was sollen wir am Wochenende gemeinsam unternehmen?

Sammeln Sie zu diesem Thema 5–10 Minuten lang Ideen. Wichtigste Regel: Es darf kein Kommentar, keine Bewertung abgegeben werden – und sei die Idee noch so ausgefallen und verrückt.

Sie werden bei dieser Übung erstens spüren, wie schwer es ist, Bewertungen zurückzustellen (was beweist, wie sehr wir gewohnt sind, immer und überall unseren „Senf" dazu zu geben...) und zweitens erleben Sie, wie hilfreich gerade ausgefallene Ideen eines Gesprächsteilnehmers für das Auffinden weiterer eigener Ideen sein können.

Übrigens nach 10–15 Minuten sollte dann eine Auswahl getroffen werden, d.h. nun soll eine Bewertung der gefundenen Ideen stattfinden. – Was so paar Minuten bewirken können...

Gesprächskurbel 4: Nach-Denken

Belauschen wir einmal ein kurzes Gespräch:

Kind: „Ich weiß noch nicht, ob ich mit Gerd ins Schwimmbad soll. Ich hab's ihm zwar versprochen, aber ich hab' eigentlich gar keine Lust."

Mutter: „Du überlegst, ob Du Dein Versprechen halten sollst, obwohl Du gar keine Lust hast."

Kind: „Ja, weißt Du, ich habe mich ziemlich über Gerd geärgert: In der Schule hat er so getan als sei ich Luft für ihn."

Mutter: „Du hast Dich über Gerd geärgert, weil er Dich nicht beachtet hat."

Kind: „Ja, ..."

So kann das Gespräch noch eine ganze Weile weiterlaufen. Sie könnten jetzt denken, was das soll. Die Mutter wiederholt ja nur, was das Kind sagt. Ja – und genau darin liegt das „Geheimnis" dieser Gesprächskurbel: Durch das Wiederholen gibt die Mutter dem Kind zu verstehen, daß sie ihm zugehört mit- und nachgedacht hat, das Wesentliche seiner Aussage mitbekommen hat und bereit ist, weiter mit ihm darüber zu sprechen.

Sie selbst hält ihre Bewertung zurück und gibt auch keine Ratschläge.

Hätte die Mutter gleich zu Beginn an die Notwendigkeit erinnert, gegebene Versprechen zu halten, hätte sie weit weniger erfahren.

Kontrolliert zuhören heißt, die Äußerungen des Kindes „nach-denken", mit eigenen Worten wiederholen. So kann das Kind spüren, daß man es selbst und sein Problem verstanden hat.

Gesprächskurbel 5: Klärende Rückfragen

„Also der Mathelehrer kann überhaupt nicht richtig erklären, ich blicke nicht durch. Bevor ich alles falsch mache, kann ich die Aufgaben gleich von Paul abschreiben – da habe ich wenigstens Zeit gespart."

Auf solche Äußerungen des Kindes könnte als Gesprächskurbel eine klärende Rückfrage einen weiterführenden Denkanstoß geben: „Ich frag mich gerade, was Dir im Grunde am liebsten wäre?"

Damit nehmen Vater oder Mutter dem Kind die Entscheidung nicht ab, sondern geben ihm lediglich einen Impuls, nach einer Lösung zu suchen. Mit Fragen „Wie empfindest Du das?" oder „Was bedeutet Dir das?" zeigen wir Interesse am Problem des Kindes und fordern es zu einer Entscheidung auf. Wenn wir dem Kind dabei richtig zuhören, erfahren wir oft mehr Lösungshinweise als wir aufgrund unserer Erfahrung parat haben. Und dann ist es oft auch nötig, bei solchen Gesprächseinstiegen *hinter* den Worten des Kindes zu hören, wo der Schuh eigentlich drückt.

Die klärende Rückfrage verhilft also dem Kind zur Klärung – womit das Ziel erreicht wäre.

Gesprächskurbel 6: Gefühle wahrnehmen und ausdrücken

„Ich habe mich so auf die Sendung gefreut – und jetzt soll ich mitgehen zu der langweiligen Tante!?"

Hier scheint es nützlich, das Gefühl anzusprechen, das hinter dieser Aussage, dem „Gemaule" steht: „Jetzt bist Du sauer".

So knapp diese Bemerkung auch ist, wenn sie nicht vorwurfsvoll vorgebracht wird, scheint sie das Gefühl des Kindes richtig auszudrücken. Es kann nun über sein wirkliches Empfinden sprechen, weil ich ihm mitgeteilt habe, wie es auf mich wirkt, ohne daß ich sein Verhalten bewerte.

Über Gefühle zu sprechen fällt uns allgemein schwer, dabei ist es so ungeheuer wichtig.

Als brauchbare Übung bietet sich ein „Blitzlicht-Karussell" an: In der Runde am Familientisch stellt einer eine Frage und reihum antwortet jeder spontan mit einem kurzen Satz. Hier ein paar Fragen-Beispiele:

- Was war für Dich heute am angenehmsten?
- Was hast Du heute vermißt?
- Was fiel Dir heute besonders schwer?
- Wie fühlst Du Dich im Augenblick?

So kann aus dem Blitzlicht-Karussell rasch eine Gesprächsrunde entstehen, in der jeder mitteilen kann, was er fühlt, wie er empfindet.

Je offener dies in gegenseitigem Respekt geschieht, um so seltener können sich verdeckte Streitherde entzünden.

Gesprächskurbel 7: „Übungsgespräche"

Viele Eltern sprechen zu wenig mit ihren Kindern und wundern sich eines Tages, daß die Kinder so wenig mit ihnen reden.

An geeigneten Themen fehlt es bestimmt nicht, aber der Gesprächseinstieg trägt oft dazu bei, daß es nur zu einer oberflächlichen Unterhaltung kommt.

Ein Übungsgespräch kann als kräftige Gesprächskurbel Abhilfe schaffen. Nehmen Sie sich einmal mit Ihren Kindern die Zeit, alle Familienmitglieder erleben zu lassen, wie wir einander zuhören bzw. nicht zuhören.

Jeder Mitspieler, jeder Gesprächsteilnehmer hat zwei Minuten Zeit, sich zu überlegen, über welches für ihn bedeutsame Ereignis er berichten möchte. Ein persönliches Erlebnis bietet sich am besten an.

Wer gerade seine Geschichte erzählt, steht im Mittelpunkt der Gesprächsrunde. Das Übungsgespräch läuft in drei Etappen ab – vielleicht an drei aufeinanderfolgenden Tagen.

Etappe A: Alles Käse – wurstegal

Dem Berichterstatter soll in dieser Phase niemand zuhören. Der eine liest, ein anderer schaut aus dem Fenster, zwei unterhalten sich usw.

Nach jeweils zwei bis drei Minuten Redezeit unterhalten sich alle über die erlebten (ganz sicher unangenehmen) Gefühle.

Etappe B: Senf dazu

Jetzt hören alle zu, unterbrechen aber so oft sie Gelegenheit finden, eigene Eindrücke einzubringen. Zum Beispiel, wenn der „Mittelpunkt“ beginnt, von einem Ferienerlebnis in einer bestimmten Stadt zu berichten, gibt der eine seinen „Senf“ zu der Stadt und was **er** damit verbindet oder dort erlebt hat, ein anderer möchte ein eigenes Ferienerlebnis loswerden usw.

Über die Wirkung dieser Gesprächsbremse sollten wiederum alle ihre Eindrücke austauschen.

Etappe C: Zuhören und Verstehen

Jeder teilt wieder ca. zwei Minuten lang der Gesprächsrunde etwas Erlebtes oder Persönliches mit. Alle anderen betrachten den „Mittelpunkt“ nun wirklich als solchen, hören ganz aufmerksam zu und jeder darf anschließend eine Frage stellen, die sich darauf bezieht, was der Sprecher bei seinem Beitrag empfunden hat.

Zum Abschluß eines solchen Übungsgesprächs können alle ihre Gefühle bei der Etappe C mit den Empfindungen bei den Etappen A und B vergleichen.

Eine andere Form des Übungsgesprächs könnten Sie einmal während einer Mahlzeit wählen. Lassen Sie – wenn möglich unbemerkt – das Tischgespräch vom Cassetten-Recorder aufnehmen. Untersuchen Sie anschließend beim Abhören mit allen Familienmitgliedern, zwischen wem sich das Gespräch bewegt – nur zwischen den Eltern? Beinhaltet es nur belangloses Gerede? Wieviel Gesprächsbremsen können Sie entdekken? Oder sind auch Gesprächskurbeln zu vernehmen?

Vom Zuhören und Verstehen ist der Weg zur Zusammenarbeit nicht weit. Frei sagen zu können, was jeder denkt und fühlt, und miteinander bessere Wege des Zusammenlebens erkunden, d.h. miteinander sprechen sind immer noch die besten Bedingungen für eine wirkungsvolle Problemlösungsstrategie.

Wichtig ist, daß wir hierbei nicht *zu* unseren Kindern reden, ihnen also sagen, wie sie unseren Vorstellungen folgen sollen, sondern *mit* ihnen sprechen, was zu tun ist, um einen Konflikt zu bewältigen, ein Problem zu meistern.

Lassen Sie sich überrachen, wie stark sich eine solche Atmosphäre überträgt, und welchen Anteil die Kinder am Entstehen der Familienharmonie zu leisten bereit sind, wenn wir ihnen aktiv zuhören.

Michael Ende beschreibt in seinem wunderschönen Märchen-Roman „Momo“, was dieses Kind durch bloßes Zuhören bewirkt, wie sie z.B. den Streit zwischen zwei Erzfeinden schlichtet, ohne ein einziges Wort zu reden.

Wenn Sie „Momo“ nicht kennen, möchte ich Ihnen die Kleine gern vorstellen:

„War Momo vielleicht so unglaublich klug, daß sie jedem Menschen einen guten Rat geben konnte? Fand sie immer die richtigen Worte, wenn jemand Trost brauchte? Konnte sie weise und gerechte Urteile fällen?

Nein, das alles konnte Momo ebensowenig wie jedes andere Kind.

Konnte Momo dann vielleicht irgend etwas, das die Leute in gute Laune versetzte? Konnte sie zum Beispiel besonders schön singen ... oder akrobatische Kunststücke vorführen?

Nein, das war es auch nicht...

Was die kleine Momo konnte wie kein anderer, das war: Zuhören. ... Momo konnte so zuhören, daß dummen Leuten plötzlich sehr gescheite Gedanken kamen. Nicht etwa, weil sie etwas sagte oder fragte, was den anderen auf solche Gedanken brachte, nein, sie saß nur da und hörte einfach zu, mit aller Aufmerksamkeit und aller Anteilnahme. Dabei schaute sie den anderen mit großen, dunklen Augen an, und der Betreffende fühlte, wie in ihm auf einmal Gedanken auftauchten, von denen er nie geahnt hatte, daß sie in ihm steckten.

Sie konnte so zuhören, daß ratlose oder unentschlossene Leute auf einmal ganz genau wußten, was sie wollten. Oder daß Schüchterne sich plötzlich frei und mutig fühlten. Oder daß Unglückliche und Bedrückte zuversichtlich und froh wurden. Und wenn jemand meinte, sein Leben sei ganz verfehlt und bedeutungslos und er selbst nur irgendeiner unter Millionen, einer, auf den es überhaupt nicht ankommt und der ebenso schnell ersetzt werden kann wie ein kaputter Topf – und er ging hin und erzählte alles das der kleinen Momo, dann wurde ihm, noch während er redete, auf geheimnisvolle Weise klar, daß er sich gründlich irrte, daß es ihn, genauso wie er war, unter allen Menschen nur ein einziges Mal gab und daß er deshalb auf seine besondere Weise für die Welt wichtig war.

So konnte Momo zuhören!"

(Michael Ende, „Momo" / Thienemanns Verlag Stuttgart 1973 / S. 15/16)

Nicht zu den Kindern reden, sondern mit ihnen sprechen

Zuhören heißt intensive Anteilnahme, Zeithaben und Zurückhalten eigener Äußerungen.

Kinder reden untereinander so, wie normalerweise mit ihnen geredet wird. Ob Eltern tatsächlich so mit ihren Kinder reden wie Kinder dies untereinander tun, ist fraglich. Aber auf das Kind hat es so gewirkt. Gehässige Formulierungen bei Geschwistern untereinander

sind daher oft ein drastisches Spiegelbild des vom Kind empfundenen Sprachklimas.

Erlebt das Kind, wie angenehm es ist, einen aktiven Zuhörer zu haben, so vermittelt dieses Erlebnis ganz sicher die Erfahrung, daß hierin ein besonders wirkungsvoller Lösungsweg zur Bewältigung eines Problems oder Konfliktes liegt.

Verzichten Sie daher auf Gesprächsbremsen:

1. Ironisieren und nicht ernst nehmen
2. Drohen und erpressen
3. Vorwürfe machen und moralisieren
4. Immer wissen, was für das Kind gut ist
5. Nicht warten können und ausfragen
6. Manipulieren und überreden
7. Lebensweisheiten servieren.

Erzeugen sie statt dessen eine offene Gesprächsatmosphäre:

1. Kinder als Partner ernst nehmen
2. Zeit lassen und abwarten können
3. Bewertung zurückstellen und ausreden lassen
4. Aussagen „nach-denken“
5. Klärende Rückfragen stellen und weiterführende Impulse geben
6. Gefühle wahrnehmen und ansprechen
7. Übungsgespräche führen mit Rückkontrolle

Zu unseren Kindern reden, bedeutet, die Elterninteressen in den Vordergrund stellen. *Mit* unseren Kindern sprechen heißt, sie als Partner ernst nehmen, ihnen zuhören und sie verstehen.

Kinder, die gelernt haben, sich und ihre Probleme mitzuteilen, die sich verstanden fühlen und in gemeinsamen Gesprächen Problemlösungswege entdeckt und entwickelt haben, lassen das auch ihre Geschwister spüren. Gehässige Streitereien werden immer seltener.

Die Geschwisterreihe und ihre Bedeutung

Sonntagmittag. Sonntagskonzertstimmung. Da – aus und vorbei: ein Aufheulen wie von Hyänen. Die Älteste hat – vermeintlich – heimtückisch der jüngeren Schwester den Hocker ans Schienbein geschubst.

„Sowas Hinterhältiges“, sinniert die Mutter, „ich möchte bloß wissen, von wem sie das hat!?“ Ihr Blick schien zu betonen: Von *mir* jedenfalls nicht!

Diese Überlegung der Mutter ist sicher nicht geeignet, in die Vererbungslehre einzuführen. Auch Gedanken über genetische Faktoren und deren Einfluß auf die Charakterbildung bringen in diesem Augenblick sicher keine verwertbaren Erkenntnisse.

Dennoch, das Verhalten der Kinder wird von zahlreichen Faktoren geprägt, natürlich auch von genetischen. Allerdings gibt es davon mehr als sich auf den ersten Blick erkennen lassen.

„Ich dachte, meine Erfahrungen mit dem ersten Kind würden mir bei den anderen helfen“, seufzt eine Mutter, „aber sie sind alle so verschieden...“

Trotz sehr vieler gleicher Voraussetzungen und Faktoren in ein und derselben Familie, in der auch der Grundsatz der Eltern vorherrscht „Wir behandeln alle unsere Kinder gleich“, können extreme Unterschiede in der Entwicklung und im Verhalten der Kinder auftreten.

Soviel vorweg: der Grundsatz der Gleichbehandlung ist nicht zu verwirklichen. Wenn sie auch objektiv gegeben sein mag, so wird es immer zur Benachteiligung bzw. Bevorzugung des einen oder anderen Kindes kommen. Einfach deshalb, weil die Voraussetzungen und die Bedürfnisstruktur bei jedem Kind ganz andere sind.

Gleichbehandlung hieße möglicherweise, dem irren Prokrustes nacheifern, der besessen vom Wahn der Gleichmacherei

mit seinem Bett umherzog, Passanten darauf warf und zu kurz Geratene grausam dehnte und zu Lange in entsetzlicher Weise auf das Maß seines Bettes brachte.

Auf den ersten Blick fallen solche Gleichschaltungen nicht einmal auf. Was halten Sie z. B. von folgender Deutung Ihrer

Handschriftenprobe?: „Im allgemeinen verstehen Sie, Ihren Gleichmut zu bewahren, doch sind feinere Stimmungsschwankungen nichts Seltenes. Sie sind kein Pedant, kein Kleinigkeitskrämer, besitzen Ehrgeiz und ausgeprägtes Geltungsbedürfnis, das manchmal an Eitelkeit grenzt. Sie brauchen Anerkennung und Erfolg. Zur Zeit befinden Sie sich in etwas gedrückter Lage, die Ihr Wesen nicht voll zur Entfaltung kommen läßt..."

Fühlen Sie sich durchaus treffend charakterisiert? – Nun, genauso oberflächlich wäre es, aus seinem Gerechtigkeitsempfinden allen Geschwistern exakt gleiche Voraussetzungen und gleiche Chancen bieten zu wollen. Denn jedes Kind ist anders – nicht nur äußerlich.

So braucht auch jedes Kind ein anderes Maß an persönlicher Zuwendung, um das Gefühl zu haben, angenommen zu sein. Es kann vorkommen, daß ein Kind bereits ein doppeltes Maß an Zuwendung erfährt wie eines seiner Geschwister und immer noch das Gefühl hat, zu kurz gekommen zu sein.

Persönliche Zuwendung ist keine objektiv meßbare Größe, sondern fast nur vom subjektiven Empfinden abhängig.

Besonders, wenn das momentane subjektive Empfinden den Blick trübt. Wie die Erdbeeren des Nachbarn uns manchmal schöner und dicker vorkommen, fühlen sich – häufig die mittleren – Geschwister benachteiligt.

Daher kann beispielsweise der Kampf um ein altes ausgedientes Kissen selten dadurch beigelegt werden, daß Eltern ein schönes neues, weicheres zur Verfügung stellen.

Wie kommt es zu diesen unterschiedlichen Bedürfnissen in ein und derselben Familie? Ist die Bildung der eigenen Bedürfnisstruktur nicht auch von der Geschwisterkonstellation abhängig, d.h. der Position im Rahmen der Familie, in die das Kind hineingeboren wird: als erstes, zweites, drittes, jüngstes oder einziges Kind?

Sind z.B. die ersten oder einzigen Kinder die Erfolgreichen in unserer Gesellschaft? Oder sind die mittleren immer die Benachteiligten, die jüngsten die Verwöhnten und weniger Lebenstüchtigen?

Die Wissenschaftler messen der Geschwisterkonstellation eine so hohe Bedeutung für die Persönlichkeitsbildung bei, daß sie soziale Einstellungen, Leistungsbereitschaft, Berufswahl und Erfolg, Glück und Schwierigkeiten bei Partnerbeziehungen in Abhängigkeit sehen vom jeweiligen Platz innerhalb der Geschwisterreihe.

Diese komplizierten Zusammenhänge hier aufzuzeigen, ist gar nicht möglich, obgleich es ein „Ausflug zu einem lohnenden Ausblick" wäre. Dem Interessierten möchte ich zur Vertiefung zwei besonders geeignete, gut verständliche Werke empfehlen: Lucille K. Forer/Henry Still, „Großer Bruder, Kleine Schwester – Die Geschwisterreihe und ihre Bedeutung" und Walter Toman „Familienkonstellationen – Ihr Einfluß auf den Menschen und sein soziales Verhalten".

Auch auf die Gefahr hin, daß durch die folgende Vereinfachung fehlerhafte Vorstellungen entstehen könnten, sollen ein paar Streiflichter durch die Psychologie der Geschwisterkonstellationen dazu beitragen, das Verständnis zu schärfen für das Verhalten der Geschwister zueinander, deren Streitigkeiten auch in der Geschwisterkonstellation ihre Ursachen haben können.

Vielleicht entlastet es auch ein wenig die Eltern, die für die Persönlichkeitsentwicklung ihrer Kinder fast ausschließlich ihr Verhalten verantwortlich machen. Verunsicherung oder gar Schuldgefühle sind allzu häufig die Folge.

Fast zwei Drittel von uns werden in Familien hineingeboren, in denen schon Kinder vorhanden sind. Mit diesen Brüdern und Schwestern leben wir ebenso lange zusammen wie mit unseren Eltern. Die anderen, die als erste geboren werden, bekommen zum größten Teil bald Geschwister. Und die Interaktion mit den Geschwistern ist meist intensiver als mit den Eltern. Daher ist die Entwicklung eines Kindes zum großen Teil von der Interaktion mit den Geschwistern abhängig. Diesen Einfluß, den Eltern wiederum nur bedingt beeinflussen können, sollte man nicht zu gering einschätzen.

Grundlage für die folgenden Darstellungen von Auswirkungen der Geschwisterreihe, sozusagen als kurze Porträts von

Geschwisterkonstellationseffekten, sind neben Beobachtungen und Befragungen in Kursen und Seminaren des Studienhauses St. Blasien vor allem die Untersuchungsergebnisse von Walter Toman einerseits und Lucille K. Forer/Henry Still andererseits.

Das erste Kind spielt in der Regel die Prinzenrolle der Familie. Wird ein jüngeres Geschwister geboren, erlebt das

ältere sein jüngeres Geschwister als einen Konkurrenten um die Gunst und Aufmerksamkeit der Eltern. Oder es fühlt sich in seinem Spielraum und Machtbereich eingeengt.

So kämpft das ältere Kind – vergeblich – darum, seine frühere Macht wiederzugewinnen. Weil es in der Familie entmachtet wurde, ist es oft eifersüchtig, ängstlich oder unbeherrscht. Häufig neigen Erstgeborene auch dazu, mit sich selbst unzufrieden zu sein, weil sie ein sehr hohes Anspruchsniveau entwickelt haben, da auch die Eltern von ihrem ersten Kind meist mehr Leistung erwarten als von späteren. Im allgemeinen werden sie am strengsten erzogen, am meisten ermahnt und bestraft.

Das geben sie an ihre Geschwister weiter. Sie neigen zu Rechthaberei, sind meist aber auch gewissenhafter und erzielen oft bessere Leistungen in der Schule.

Ist das *Älteste eine Schwester von Brüdern,* so ist sie unabhängig in einer unaufdringlichen Art und umsorgt die jüngeren Brüder ohne dafür offizielle Anerkennung anzustreben.

Hat sie nur einen Bruder, glaubt sie erkennen zu können, daß dieser als erster und einziger Junge in der Familie meistens wichtiger genommen wird und mehr gilt als sie. Will sie sich der Gunst der Eltern versichern, muß sie für ihn sorgen.

Als *älteste Schwester von Schwestern* betreut sie die jüngeren auch recht gerne, liebt es aber, Anordnungen zu treffen, will den Überblick behalten, was in ihrer Umgebung geschieht. Und so erwartet sie entsprechende Beiträge von ihren jüngeren Schwestern, die ihr berichten und gehorchen sollen. Kontrolle und Macht über andere sind ihr wichtiger als materielle oder geistige Güter.

Ist das *älteste* Kind der *Bruder von Schwestern,* so ist es fürsorglich und aufmerksam. Er tyrannisiert seine Geschwister nicht. Er sträubt sich nicht, eine Führungsrolle zu übernehmen, strebt sie aber nicht unbedingt an. Er bleibt eher gelassen – manchmal wirkt er sogar gleichgültig.

Als *ältester Bruder von Brüdern* liebt er es, Führung und Verantwortung zu übernehmen. Er versucht, die anderen zu betreuen, manchmal auch, sie zu bevormunden. Er liebt geordnete Verhältnisse und setzt sich meist realistische Ziele, die mit Ausdauer zu erreichen sind.

Hat er nur einen jüngeren Bruder, geht es den beiden – vor allem, wenn sie altersmäßig beieinander liegen, im Konkurrenzkampf um die Gunst der Mutter, der einzigen Frau in der Familie. Sie haben hierbei kein besonderes Gerechtigkeitsempfinden im Geben und Nehmen, sondern kämpfen einfach darum, wer mehr bekommt.

Als besondere Belastung wirkt sich oft aus, wenn die Eltern den älteren Bruder dem jüngeren als Vorbild hinstellen.

Das jüngste Kind ist oft charmant, verspielt und leichtlebig – es ist gewöhnt, daß immer jemand da ist, der für es sorgt und ihm hilft.

Vor allem die *jüngste Schwester von Brüdern* ist freundlich und feinfühlend. Sie kann nachgeben, ohne dabei unterwürfig zu sein. Als gute Kameradin ist sie einsatz- und hilfsbereit. Gelegentlich wirkt sie verwöhnt und manchmal ein wenig extravagant. Sie ist nicht gerade ehrgeizig und ihre Talente bringt sie nicht unbedingt zur Entfaltung – ihren Charme allerdings setzt sie besonders gern ein.

Die *jüngste Schwester von Schwestern* liebt die Abwechslung und die Aufregungen. Sie ist impulsiv, lebenslustig, manchmal auch unstet und leicht zu provozieren bzw. zu beleidigen. Daher kann sie recht launenhaft und halsstarrig reagieren. Im übrigen lernt sie, erfolgreich zu opponieren. Sie muß das Gefühl haben, daß man auf sie eingeht.

Bei der Arbeit will sie sich auszeichnen. Lob und Anerkennung sind ihr sehr wichtig. Werden ihr diese zuteil, ist sie zu guten bis hervorragenden Leistungen fähig. Verschlechtert sich die Atmosphäre, kann ihre Einsatzbereitschaft erheblich abnehmen. Erfolg beflügelt sie geradezu überschwenglich, Mißerfolg entmutigt sie aber auch mehr als andere.

Was man ihr zutraut, schafft sie auch.

Sehr zum Leidwesen der älteren Schwestern bestehen die Eltern bei ihr nicht so stark auf Gehorsam wie bei ihnen.

Der *jüngste Bruder von Schwestern* möchte besonders gern tun und lassen, was ihm paßt. Nur seine Interessen und Talente fesseln ihn. Seinen Wünschen und Neigungen darf er auch mit der Elterneinwilligung recht unbekümmert nachgehen, auch wenn diese recht egoistisch sind. Vorschriften schätzt er nicht, bevormunden läßt er sich nicht. Detailarbeit überläßt er gern den anderen. Er fühlt sich mehr für die größere Linie, die Gesamtkonzeption verantwortlich.

Der *jüngste Bruder von Brüdern* ist recht anlehnungsbedürftig, er möchte geachtet und geschätzt werden. Er ist lieber Gefolgsmann als Anführer, denn er hat immer einen älteren, größeren, gescheiteren, perfekteren Jungen um sich. Den Schutz eines solchen außerhalb der Familie zu genießen, empfindet er als angenehm. Innerhalb der Familie aber braucht er diesen Schutz nicht.

Er fordert gern den Stärkeren heraus. Hierbei – wie auch in manchen Aufgaben – neigt er dazu, seine Kräfte zu überschätzen.

Gern geht er eigene Wege und unternimmt Anstrengungen, die mitunter lächerlich wirken. Dies betreibt er aber nicht sehr beständig. Er gibt sich überhaupt kampfeslustiger als er eigentlich ist; vor den letzten Konsequenzen scheut er zurück.

So ist er auch rasch bereit, zu verzeihen und zu vergessen. Die Eltern erlauben ihm mehr als den älteren und springen bereitwilliger für ihn ein.

Zweite und andere mittlere Kinder sind relativ fordernd und leicht erregbar, aber auch rasch zu Kompromissen bereit. Sie schlichten Streitigkeiten schneller, wodurch sie gelegentlich oberflächlicher wirken. Sie sind im allgemeinen die aktiveren, Erwachsenen gegenüber die freundlichen und netten Kinder. Sie lernen die Anpassung an Erwachsene stärker.

Ihr Konkurrenzdenken und manchmal ihr Ehrgeiz sind intensiver ausgeprägt.

Häufig fühlen sie sich weniger geliebt und in allem stärker benachteiligt.

In ihren Fähigkeiten stehen sie im Schatten des älteren Geschwisters oder glauben, den Charme des jüngeren nicht zu besitzen. Sie meinen, daß es auf sie am wenigsten von allen

Geschwistern ankommen dürfte. Sie suchen krampfhaft nach Aufmerksamkeit, das Bedürfnis nach persönlicher Zuwendung ist außerordentlich stark ausgeprägt.

Deshalb sollte das mittlere Kind gelegentlich objektiv bevorzugt werden, damit es sich subjektiv als gerecht behandelt fühlt.

Damit ließen sich durchaus einige Streitigkeiten vermeiden, die allein durch das Gefühl der Benachteiligung entstehen.

Das mittlere Kind hat eben mit der Schwierigkeit zu kämpfen, daß es seine Rolle im Verband der Familie kaum finden kann. Es ist weder Größtes noch Kleinstes, ein Weder-Noch, so sein Empfinden. Jede der vier Beziehungen, die es zu einem Geschwister haben kann (jüngerer oder älterer Bruder, jüngere oder ältere Schwester), hat ein anderes Geschwister schon ausgeprägter entwickelt. Sein älterer Bruder z. B. dürfte als Betreuer der jüngsten Schwester überzeugender sein; der jüngere Bruder dürfte dem älteren bereitwilliger folgen als es in der Mitte.

Daher ist es so wichtig – besonders für das mittlere –, Erfahrungen auch außerhalb der eigenen Familie sammeln zu können, seinen eigenen unabhängigen Freundeskreis aufzubauen.

Eltern sollten hier möglichst wenig direkten Einfluß nehmen, vor allem keine anderen Geschwister in diesen Kreis „mitschicken“ oder „mitgeben“.

Nicht die Konstellation als solche ist so wichtig, sondern vielmehr sind es die *Erfahrungen,* die jemand als ältestes, mittleres oder jüngstes Kind macht.

Bei der Vereinfachung dieser Darstellungen blieben Aspekte wie Altersunterschiede, behinderte Geschwister, Stiefgeschwister, Zwillinge oder die Bedeutung der Geschwisterreihe, in der die Eltern standen, außer Betracht. Ganz abgesehen von den äußeren Umständen wie soziale Lage der Familie, gesellschaftlicher Status und materielle Versorgung.

Dies ist auch gar nicht so entscheidend in diesem Zusammenhang. Eine verbindliche Auslegung der ermittelten Daten wäre genauso wenig angebracht wie bei den Sternzeichen jeden

Wassermann als geistvoll einzustufen, jeden Widder für wagemutig, Krebs für gefühlvoll, Löwen für großzügig und jeden Steinbock für beständig zu halten.

Andererseits müssen wir den Stellenwert von Statistiken nicht so niedrig ansetzen, wie ihn jener Professor dargestellt hat: „Wenn ich meinen Kopf in den Eisschrank lege und meine Füße in den Backofen stecke, dann bin ich im statistischen Mittel wohltemperiert…"

Trotz aller Vorbehalte können die vorgestellten Konstellationseffekte als Orientierungshilfe dienen, bestimmte Verhaltensweisen von Geschwistern besser verstehen zu können.

Grundsätzlich können wir festhalten, daß alle Kinder einer Familie untereinander rivalisieren und alle verfügbaren Mittel benutzen, ihren Status zu erhalten oder zu verbessern.

Wenn Sie sich vor Augen halten, daß sich jeder Geschwisterposition doch spezifische Stärken und Schwächen zuordnen lassen, ist es sicher eher möglich, bei manchem Streit der Kinder gelassener und toleranter zu reagieren.

Geschwisterkonstellationen prägen Verhaltensformen

Wer alle seine Kinder gleich behandelt, bevorzugt oder benachteiligt damit ungewollt immer eines von ihnen.

Verantwortlich dafür sind die unterschiedlichen Bedürfnisse im Bestreben um Liebe und Anerkennung.

Der Platz, den ein Kind in der Geschwisterreihe einnimmt, ist ein prägender Faktor der Persönlichkeitsbildung.

Geschwister untereinander nehmen größeren Einfluß auf ihr Verhalten als Eltern dies bewirken können.

Die Konstellationseffekte zu kennen, hilft, bei manchem Streit seiner Kinder gelassener bleiben und toleranter reagieren zu können.

Geschwisterkonstellationen beeinflussen soziale Einstellungen.

Der Umgang miteinander prägt die Familienatmosphäre

Wenn sich Geschwister streiten, ist die ganze Familienatmosphäre gestört. Ist die Familienatmosphäre gestört, werden Kinder viel häufiger miteinander streiten.

Das Verhältnis der Eltern zueinander prägt auch die Beziehungen innerhalb der Familie. Kinder lernen unter anderem durch Nachahmen.

Starke Konkurrenz zwischen den Eltern – und sei sie noch so gut getarnt – spüren die Kinder und lernen dadurch Spielregeln für den Umgang miteinander.

Wenn die Eltern bestimmen und anordnen, weil sie die Macht haben, werden die Kinder versuchen, auch Macht zu bekommen. Geschwister werden in diesen Kämpfen zu Gegenspielern – manchmal sogar Gegnern.

Wenn Kinder nicht gelernt haben, sich kooperativ zu verhalten, dann lernen sie eben, selbstsüchtig, streitsüchtig, unzufrieden und unglücklich zu sein.

Harmonie in der Familie zu finden, ist so lange nicht möglich, wie die Eltern ihre Macht und Überlegenheit ausspielen.

Können Eltern zugeben, daß auch sie Fehler machen und wenn sie bereit sind, dem Kind wirklich zuzuhören, werden sie auch geachtet, und die Kinder sind bereit, ihrerseits zuzuhören und mitzuarbeiten. In einer kooperativen Familienatmosphäre behandeln sich Kinder und Erwachsene gegenseitig mit Respekt – auch Geschwister untereinander!

Werden hingegen Streitigkeiten zu Machtkämpfen, verhärten sich die Fronten. Eltern können die Auffassung haben, Kinder seien unerfahren und unwissend, brauchen also ständig

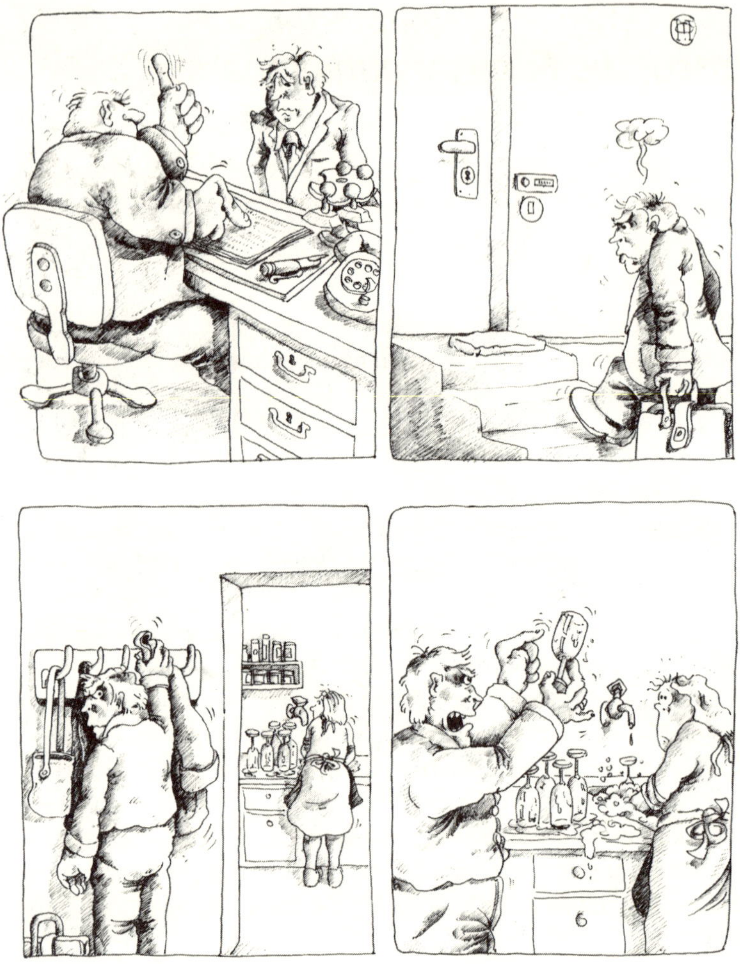

Führung und Kontrolle. Die Kinder denken, wie unfair, mißtrauisch, neugierig und übertrieben besorgt die Eltern sind.

Und in solchen Situationen haben meist beide recht…

Die Eltern aber haben es in der Hand, die Familienatmosphäre zu prägen.

Um diese positiv zu beeinflussen, können Spiele oder spielerische Elemente wertvolle Dienste leisten.

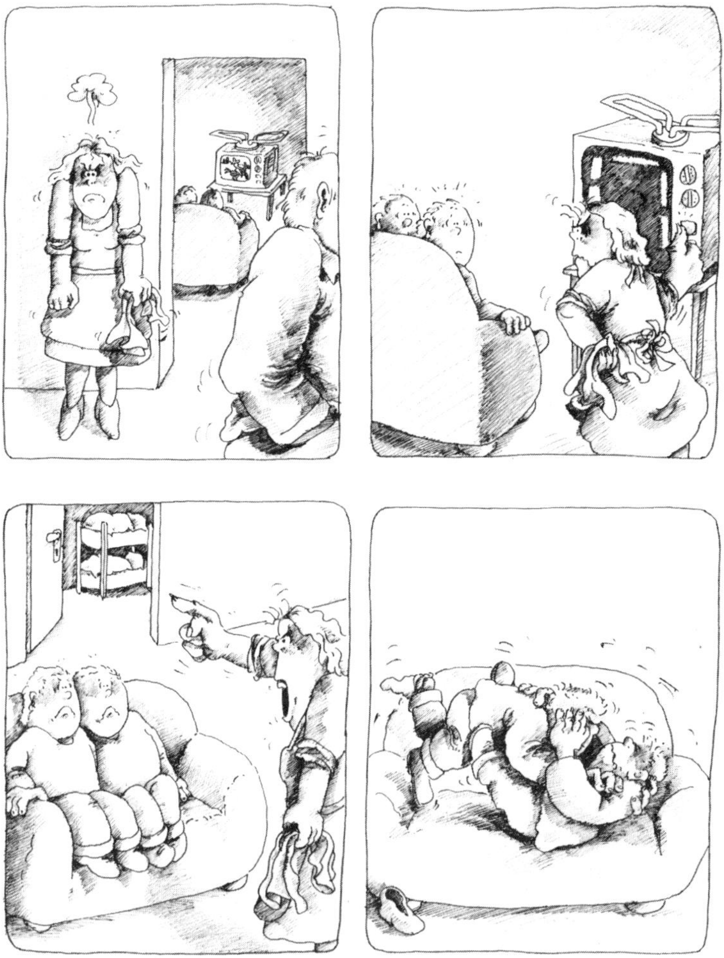

Ich möchte Ihnen gern einige Möglichkeiten vorstellen. Wenn Sie an der einen oder anderen Anregung Gefallen finden, führen Sie das Spiel, die Übung mit Ihrer Familie aus. Machen Sie selbst dabei mit und lassen Sie sich nicht entmutigen, wenn es nicht gleich bcim ersten Mal den erwarteten Erfolg bringt. Auch Spielen will gelernt sein – wieder gelernt werden, weil wir es leider zum Teil verlernt haben...

1. Ideenbassin

Wenn es mit dem Brainstorming (vgl. Gesprächskurbel 3) noch Probleme gibt, könnte das Ideenbassin für Fortschritte sorgen. Wählen Sie zum Einstieg ein Thema, an dem wirklich alle in der Familie interessiert sind. Sagen wir: die Ferienplanung. Formulieren Sie die Frage etwa so: „Wo und wie sollen wir unseren nächsten Familienurlaub verbringen – was sollen wir alles unternehmen – worauf freue ich mich ganz besonders?"

Sobald die Frage von allen aufgenommen, falls erforderlich, notiert ist, beginnen alle mit der Ideensammlung – zunächst jeder für sich: Auf einem Zettel notiert jeder, was ihm spontan einfällt. Wenn es alle als anregend empfinden, kann die Übung von Musik untermalt werden.

Sobald jemand keine Idee mehr hat, legt er seinen Zettel im „Ideenbassin" ab, das heißt einfach in eine Kiste oder eine Schale. Liegen nun zwei oder drei Zettel im Ideenbassin, nimmt sich ein Familienmitglied einen Zettel – möglichst nicht den eigenen – heraus, liest die darauf notierten Ideen und ergänzt das Blatt mit eigenen neuen Ideen, die ihm vielleicht jetzt beim Lesen kommen.

Wird es nach einer Weile ruhiger im Bassin, weil keiner mehr neue Ideen produziert, kommt der nächste Schritt: das Ordnen und Vorsortieren. Lief bis jetzt alles stillschweigend ab, so tauschen nun alle ihre Eindrücke aus, und die Vorschläge, die allen am besten gefallen, werden festgehalten. Vielleicht übernimmt das ein freiwilliger Protokollführer?

Die Ideen, die in die engere Wahl gekommen sind, sollten gemeinsam besprochen werden. Alle treffen nach demokratischen Gesichtspunkten eine Entscheidung, es wird ein Entschluß gefaßt, nach dem es nun zu handeln gilt. Daß es dabei um finanzier- und realisierbare Vorhaben gehen muß, sollen auch die Kinder verstehen lernen.

Weil bei dieser Form der Ideensammlung alle gleichberechtigt beteiligt sind und voreilige Bewertungen ausbleiben, dürften alle von dieser Erfahrung profitieren. Deshalb fühlen sich schließlich bei der Ausführung auch alle mitverantwortlich.

2. Familienrat

Möchten Sie, daß Sie und Ihre Kinder lernen, wie man anderen zuhört, um ihre Probleme zu verstehen, und wie man zusammenarbeitet, um eine Lösung für ein Problem zu finden? Wie man hinter einen Konflikt sieht, was in und zwischen den Menschen vorgeht, und wie man Pläne macht, die funktionieren, weil jeder seinen Beitrag daran geleistet hat? Dann bilden Sie doch einen Familienrat, durch den alle lernen können, wie man Verantwortung teilt, statt Anweisungen zu geben oder Befehlsempfänger zu sein.

Der Familienrat ist für die Familie was z.B. der Gemeinderat für die Gemeinde. Nur mit dem Unterschied, daß dem Familienrat alle Familienmitglieder angehören.

Einmal pro Woche – zu einem Termin, der von allen wahrgenommen werden kann und soll – tagt der Rat, bespricht anstehende Probleme und beschließt Lösungswege.

Wichtig ist hierbei, daß die Stimme von Vater oder Mutter genau so viel wiegt wie die eines jeden Kindes. Sogar sehr kleine Kinder können schon daran teilnehmen. Aus diesen Erfahrungen lernen sie weit mehr als sie je durch Worte oder Anordnungen lernen könnten.

Eine Familienratssitzung könnte etwa folgende Tagesordnung haben:

* Aufgaben im Haushalt (Verteilungsplan)
* Geldangelegenheiten (Taschengeld/Anschaffungen)
* Probleme und Konflikte (Was verbessert werden soll)
* Freizeit (Fernsehen, Bettgehzeit)
* Terminplanung (Für Spieleabend, Party etc.)

Bei einer solchen Sitzung ist wichtig, daß ein Familienmitglied (möglichst eines der Kinder) den Vorsitz übernimmt und darauf achtet, daß die Grundprinzipien der Gleichwertigkeit und des verständnisvollen Zuhörens eingehalten werden.

Es ist also gar nicht nötig, daß Vater oder Mutter entscheiden, wer abzutrocknen hat oder den Mülleimer ausleeren soll, vielmehr soll die Familie gemeinsam die Aufgaben gerecht untereinander verteilen.

Der Familienrat sollte einige Spielregeln für die Kleingruppendiskussion beachten. (In Anlehnung an die „themenzentrierte interaktionelle Methode“ nach Ruth C. Cohn):

- Nicht per „man“ oder „wir“ sprechen, sondern per „ich“.
- Es darf nur einer auf einmal reden.
- Jeder versuche zu sagen, was er wirklich sagen will, nicht was er meint sagen zu müssen, weil er denkt, daß man es von ihm erwartet.
- Diskussionsbeiträge der anderen nicht interpretieren, sondern die persönliche Meinung, die eigenen Gefühle mitteilen.

Wenn Kinder sich dadurch nicht als Befehlsempfänger für solche Aufgaben fühlen müssen, sondern sich an der Verantwortung beteiligt sehen können, werden sie ihren eigenen Beitrag auch bereitwilliger leisten – und Geschwistern gegenüber nicht das Gefühl haben, benachteiligt oder bevorzugt worden zu sein.

Bei der Teilung der Verantwortung ist sehr wichtig, daß jeder für den übernommenen Teil alleinverantwortlich ist. Kontrollen sollten zunächst ausbleiben. Wenn aber schon eine Kontrolle stattfindet, darf der „Kontrolleur“ die Arbeit nicht in Ordnung bringen. Wenn das Kind zum Beispiel sein Bettenmachen übernommen hat, macht es dies auf seine Art. Geht nun die Mutter später hin und macht es noch mal, so hübsch und ordentlich, wie sie es gern hätte, wird das Kind daraus lernen, daß es sich eigentlich nicht um seine eigenen Sachen oder die übernommenen Aufgaben kümmern muß, weil ja immer jemand da ist, der hinter ihm her arbeitet und in Ordnung bringt. Nur ein wirklich dummes Kind würde dies nicht entdecken, begreifen und seine Konsequenzen daraus ziehen.

Ein gemeinsam aufgestellter Plan, der verbindlich ist, gibt allen eine bessere Orientierung, ein bestimmtes Ziel auch wirklich zu erreichen. Und geschieht dies in Gleichberechtigung, gegenseitiger Achtung und Verantwortung, haben nervenzerreibende Machtkämpfe und Streitigkeiten zwischen den Geschwistern erheblich geringere Chancen.

Allerdings dürfte ein solcher Familienrat kaum während und nach der ersten Sitzung bereits hohe Erfolgsbilanzen aufweisen. Werden Sie nicht mutlos. Es lohnt sich! Für einen später einmal gut funktionierenden Familienrat sind zehn Anläufe weder Zeit- noch Energieverschwendung...

3. „Verkehrter Tag"

Trotz Familienrat und aller Bemühung um Gleichberechtigung in der Familie werden bestimmte Entscheidungen letztendlich immer von den Eltern getroffen. Es ist so schwer, beim Verteilen der Verantwortung wirklich konsequent zu sein. Auch hier kann das Spiel eine besondere Rolle spielen: das Rollenspiel.

Erklären Sie doch einen bestimmten Tag zum „verkehrten Tag", das heißt, an dem Tag übernehmen die Kinder die elterlichen Aufgaben so weit wie möglich: sie gehen zum Einkaufen, sie kochen, nehmen Telefonate entgegen usw.

Natürlich müssen die Kinder an diesem Tag auch einen Etat zur Verfügung haben, der es ihnen ermöglicht, eigenverantwortlich zu wirtschaften. (Ich habe übrigens erlebt, daß bereits 9- und 10jährige diese Aufgabe hervorragend bewältigt haben – vor allem beim zweiten oder dritten Mal, wenn sie Gelegenheit hatten, aus den ersten Erfahrungen zu lernen.)

Sie selbst sind in der Rolle der Kinder und können einmal versuchen, den Familienbetrieb durch diese Brille zu betrachten. Wenn Sie dieses Rollenspiel konsequent durchhalten, bestimmen die Kinder auch Ihre und ihre eigene Bettgehzeit...

Übrigens: Dies ist gar kein neumodisches Spiel, sondern der „verkehrte Tag" hat seine historische Wurzel in den altrömischen Saturnalien, dem Vorläufer des Karnevals, wo die sozialen Rollen ausgetauscht, „verkehrt" wurden.

4. Pinwand

Die Pinwand aus Styropor, Kork, Pappe oder weichem Holz, etwa so groß wie die Sitzfläche eines Stuhles, ist nicht nur ein hervorragender Platz, an dem jeder eine Nachricht an die Familie anbringen kann, sondern auch eine Art Kommunikationsbörse.

Stoff zum Nachdenken für Familiengespräche könnten Gedichte, Kalenderblätter, Karikaturen, Fotos, Zeitungsausschnitte oder eigene Kurzkommentare sein.

Und wenn sich jemand mal ärgern muß „Es stinkt mir, daß ich immer meinem Tesafilm nachlaufen muß. Mutter“, kann dies genauso dort erscheinen wie ein Kompliment: „Der letzte Familienrat war Spitze! Petra“.

Sogar ein Frage-Antwort-Spiel kann einige Tage lang über die Pinwand abgewickelt werden.

Nach meinen Beobachtungen liegen bei dieser Kommunikationsform Ernst und Heiter eng beieinander, ja sind oft sogar vereint.

5. Barometer-Listen

Jeder wird gebeten, 10 oder 20 Dinge zu notieren, die er gern tut. Das können kleine oder große Dinge sein wie das Schachspielen mit Vater oder der Wunsch nach eigenen Ferien im Ausland.

Wem bei dieser Übung nicht viel einfällt, dem könnten Sie vielleicht eine Hilfestellung bieten durch Anregungen wie: „Denkt mal an die Jahreszeiten, an Gegenden, in denen Du gern bist, an Menschen und Gegenstände, dic Du magst.“

Der Gedankenaustausch – vor allem bei den kleinen Dingen – bringt oft sehr nützliche Impulse. Vielleicht läßt sich auch die Richtung erkennen, in der die Schwerpunkte der Wunschtätigkeiten liegen: Gemeinsame Unternehmungen, materielle Interessen, utopische oder realistische Pläne.

Wenn jeder seine Sammlung beendet hat, sollte er eine

Rangliste erstellen und die drei bis fünf liebsten Tätigkeiten eines jeden könnten, wenn alle damit einverstanden sind, gegenseitig mitgeteilt werden.

6. *„Wandelbar"*

„Was möchtest Du lieber sein: ein Fahrrad oder ein Mofa?"

„Ich wäre lieber ein Mofa", sagt Jörg, „ein Fahrrad wird zu viel getreten".

„Ich wäre aber lieber ein Fahrrad", meint Vater, „dann ginge es langsamer und gemütlicher".

Bei diesen Vergleichen geht es darum, Entscheidungen zu treffen und diese kurz zu begründen.

Auf zwei oder drei Verwandlungsfragen: „Wem bist Du ähnlicher?" oder „Was möchtest Du lieber sein?" soll jedes Familienmitglied mit einer Entscheidung und einer kurzen Erläuterung antworten.

„Wandelbare" Beispiele

Fluß oder See?
Schiff oder Flugzeug?
Hitze oder Kälte?
Flöte oder Schlagzeug?
Arzt oder Schreiner?
Maurer oder Lehrer?
Restaurant oder Würstchenbude?
Plüschsessel oder Stuhl?
Kochtopf oder Mülleimer?

Bei diesen Verwandlungen wird deutlich, wie schwierig es manchmal ist, überhaupt eine Entscheidung zu treffen – wie gerne möchten wir uns davor drücken und in ein „Weder – noch" flüchten. Wir spüren nämlich, daß sehr viel Persönliches in unseren Entscheidungen liegt. Ich halte es für außerordentlich wertvoll, wenn in einer Familie von Zeit zu Zeit über das Selbstbild jedes einzelnen gesprochen wird.

Eine Variante dieses Spiels könnte darin bestehen, daß jeder die Antwort schriftlich gibt, und vor der Bekanntgabe alle raten, was der einzelne wohl gewählt hat.

7. Weiße Karte

Eine Ergänzung und Vertiefung des „wandelbaren“ Spiels bietet die „Weiße Karte“, die deshalb nicht gelb oder rot ist, weil es keine Ermahnungen oder Verwarnungen gibt, sondern im Gegenteil nur Harmoniepunkte zu gewinnen sind.

Sie benötigen hierzu pro Mitspieler zwei Pappkärtchen, eines mit der Aufschrift JA und eines mit NEIN. Außerdem hat jeder einen solchen „Mannschaftsplan“:

Eigene Harmoniepunkte bei (Anzahl)		Fragen								
		1	2	3	4	5	6	7	8	9
		Richtige Antwort bei:								
	Erik									
	Susanne									
	Annette									
	Mutter									
	Vater									
	?									
	?									

Nun wird zum Beispiel Erik als erster gefragt: „Kennst Du jemanden, dem Du alles – auch Dein persönlichstes Geheimnis – mitteilen kannst?“

Alle, die meinen, Erik wird diese Frage bejahen, halten nun – für Erik noch nicht sichtbar – das Ja-Kärtchen hoch. Wer das Gegenteil annimmt, präsentiert das Nein-Kärtchen. Inzwischen hat Erik das Geheimnis gelüftet und zeigt das Nein-Kärtchen. Alle, die dies vermutet haben, tragen nun ein Kreuzchen im ersten Feld als richtige Antwort bei Erik ein.

Die gleiche Frage wird nun Susanne gestellt. Wie wird sie sich wohl äußern? Wieder drücken alle ihre Vermutung durch Hochhalten des Ja- oder Nein-Kärtchens aus. Wer hat bei der ersten Frage an Susanne die richtige Antwort getippt? – Dann bitte ein Markierungskreuzchen im entsprechenden Feld!

So geht es mit jeder Frage reihum. Nach der neunten Frage können alle vergleichen, bei welchem Familienmitglied sie eine besonders gute Nase gehabt haben.

Tragen Sie in der Rubrik „Eigene Harmoniepunkte“ ein, wieviel richtige Antworten die übrigen Mitspieler gegeben haben, wenn Sie selbst als Befragte an der Reihe waren.

Die Fragen können Sie ganz auf Ihre Familiensituation abstimmen. Hier ein paar erste Vorschläge:

- Glaubst Du, daß es Situationen in unserer Familie gibt, wo es besser ist, nicht die Wahrheit zu sagen?
- Hältst Du es für gut, wenn jemand gut durchschaubar ist?
- Magst Du Menschen nicht leiden, die Dich kritisieren?
- Ist es Dir peinlich, wenn Dich jemand lobt?
- Glaubst Du, daß Menschen, die sich wirklich lieben, sich prügeln können?
- Würdest Du gerne Deine Rolle mit einem Mitglied dieser Runde tauschen?
- Hättest Du gern einen anderen Vornamen?
- Hättest Du gern einen größeren Freundeskreis?
- Kennst Du jemanden, den Du beneidest?
- Hast Du manchmal das Gefühl, nicht ganz und gar ernstgenommen zu werden?

- Würdest Du auch dann arbeiten, wenn Du soviel Geld hättest, daß Dein Lebensunterhalt auch ohne Arbeit gesichert wäre?
- Würdest Du gern eine Zeitlang als einziger Mensch wie Robinson auf einer einsamen Insel leben wollen?
- Würdest Du einer Verkäuferin, die Dir 20,– (50,–) DM zuviel herausgibt und den Irrtum bestimmt nicht bemerkt, das Geld zurückgeben?
- Glaubst Du, daß sich alle bei diesem Spiel wohlfühlen?

8. Waage-Wagnis

Möchten Sie es wagen, Ihre Gefühle und Wertschätzung gegenüber der Familie „auf die Waage" zu legen? Das „Waage-Wagnis" gibt jedem Familienmitglied eine recht nützliche Rückmeldung.

Damit die Wertschätzungen nicht auf die Goldwaage gelegt werden, sind die „Gewichtstabellen" bewußt nicht so todernst formuliert:

Trödel-Otto weiß nicht, was eine Uhr ist	–3 –2 –1 0 +1 +2 +3	Wandelndes Zifferblatt mit Pünktlichkeitsgarantie
Schlampersack sucht Kompaß, um sein Bett finden zu können	–3 0 +3	Träger des Putzfimmel-Ordens am Bande
Dreckspatz, ein jeder kann ihn riechen	–3 0 +3	Badezimmer-Nixe mit Dauerabonnement

Geizhals frißt sich lieber krank als etwas abzugeben	−3	0	+3	Spendierhose verschenkt ihr letztes Hemd
Meister Ich-Ich schreibt „du“ immer klein	−3	0	+3	Du-Du-King ist nur für andre da
Tanzmarie läßt alles stehn und liegen	−3	0	+3	Aschenputtel muß den Dreck von allen räumen
Münchhausen – war’s bei einem Mißgeschick nie gewesen	−3	0	+3	„Wahrsager“ beißt sich lieber die Zunge ab als eine Notlüge anzubringen
Nervensäge muß stets Nabel der Familie sein	−3	0	+3	Sonnenschein, den alle bei sich haben wollen
Miesegrimm behauptet täglich: „Mich mag keiner!“	−3	0	+3	Wonneproppen singt: „Wie schön, daß es mich gibt!“
Beleidigte Leberwurst: Sogar vom Streicheln platzt die Haut	−3	0	+3	Elefantenhaut nimmt Fußtritt noch als Kompliment entgegen
Streithexe und Kampfhahn in einer Person	−3	0	+3	Sanfter Engel; hat Harmonielehre erfunden

Ein solcher oder ähnlicher Waage-Zettel von jedem wird um den Tisch gereicht. Jeder macht an der Stelle ein Markierungskreuzchen, wo er meint, daß der Zettel-Kandidat steht. Augrund der Formulierungen werden die Extrempunkte −3 oder +3 kaum angekreuzt werden. Betrachten Sie aber den Bereich −2 bis +2 als ernstzunehmende Gewichte.

Vermeiden Sie möglichst, Ihr Gewicht nicht in die Waagschale zu werfen, indem Sie das Kreuzchen bei 0 markieren.

Bei entsprechenden Erklärungen bzw. Vereinfachungen können bereits 4- und 5jährige mitspielen. Die älteren dürften manchmal staunen, wie die jüngsten durchblicken.

Wenn jeder wieder im Besitz seines Waagezettels ist, kann sie/er gern die übrigen Teilnehmer befragen, warum ihm/ihr ein Fliegen- oder Schwergewicht bescheinigt wurde.

Es muß klar sein, daß in dieser Übung keine Werturteile über die Mitspieler abgegeben werden. Es geht lediglich um wichtige Gesprächs- und Interaktionsimpulse. Und ein solches Vorhaben wiegt das Wagnis auf.

Wenn Sie das Gespräch in der Familie suchen und das gegenseitige Kennenlernen fördern und diesen Wunsch auch in Ihren Kindern wecken, schaffen Sie die wichtigsten Werkzeuge, Spannungen und Konflikte in der Familie zu lösen und das Zusammenleben harmonischer zu gestalten.

Wo gegenseitige Achtung und Verantwortung gefördert werden, können Verhaltensweisen gedeihen, die sich auch auf den Umgang der Geschwister untereinander auswirken.

Wo die Kinder sich gegenseitig mit kleinen Aufmerksamkeiten erfreuen, wo es selbstverständlich ist, daß einer ohne langes Bitten und Betteln für den anderen da ist, die verschüttete Milch aufwischt, obwohl der Bruder die Tasse umgekippt hat und die Knöpfe und Nadeln aufsammelt, obwohl die Schwester den Nähkasten umgestoßen hat.

Eine solche Atmosphäre kann nur entstehen, wenn alle Familienmitglieder diesen Wunsch, die „Sehnsucht“ danach haben. Diese bei allen zu wecken oder zu fördern, ist wichtiger als das beste pädagogische „Handwerkszeug“.

Antoine de Saint-Exupéry hat dies in einem großartigen Bild veranschaulicht:

„Wenn Du ein Schiff bauen willst, so trommle nicht Männer zusammen, um Holz zu beschaffen, Werkzeuge vorzubereiten, die Arbeit einzuteilen und Aufgaben zu vergeben, sondern lehre die Männer die Sehnsucht nach dem endlosen weiten Meer!“

Durch Spiele und Unternehmungen, die allen Spaß machen sollen, entwickelt sich ein Zusammengehörigkeitsgefühl, das zu entspannter und harmonischer Atmosphäre führt. Gemeinsames Vergnügen bringt Menschen einander näher – und fördert bei allen die „Sehnsucht“ nach dieser Atmosphäre: Streitigkeiten treten immer seltener auf.

Durch Interaktionsspiele positive Atmosphäre schaffen

Familienatmosphäre und Streitigkeiten stehen in ständiger Wechselbeziehung. Den Umgang miteinander lernen die Geschwister aus den Verhaltensweisen der Eltern zueinander und den Kindern gegenüber.

Im Lernfeld Familie bieten Spiele und Übungen zur Förderung gegenseitiger Wertschätzung und zur Festigung des Zusammengehörigkeitsgefühls günstige Bedingungen zur Aktivierung des Harmoniebedürfnisses.

Das Ideenbassin beteiligt alle Familienmitglieder an der Lösungsfindung und einer Entscheidung nach demokratischen Gesichtspunkten.

Der Familienrat hilft, Geschwisterstreitigkeiten zu reduzieren, weil eine Aufteilung der Verantwortung nach gemeinsamen Beratungen Machtkämpfe entschärft oder überflüssig macht.

Das Rollenspiel an einem „verkehrten Tag“ vermittelt oft als Blick in den Spiegel Erkenntnisse, die das Verständnis füreinander erheblich verbessern können.

Die Pinwand als ergänzendes Kommunikations-Forum kann durchaus als Platz für Auseinandersetzungen dienen. Wird ein Streit mal auf dieser Plattform ausgetragen, bekommt er meist über kurz oder lang doch eine Brise Humor und Heiterkeit, eine der wirkungsvollsten Problemlösungsstrategien.

Barometer-Listen fördern das Kennenlernen der Gefühle und Interessen der übrigen Familienmitglieder.

Vergleiche-Spiele oder die „Weiße Karte“ stärken den Wunsch, sich möglichst gut aufeinander einzustellen und viele Harmoniepunkte sammeln zu können.

Das „Waage-Wagnis“ gibt jedem Familienmitglied ein nützliches Feedback, eine Rückmeldung über die Wirkung seines Verhaltens auf die übrige Familie. Spannungen und Konflikte werden nicht verdrängt, um auf versteckten Wegen in Form von Geschwisterstreitigkeiten verstärkt aufzutauchen.

In positiver Familienatmosphäre haben Geschwisterstreitigkeiten weniger Platz, bzw. verlieren ihre zermürbende Kraft.

Nachwort: Sie zanken sich den lieben langen Tag...

Janusz Korczak, der polnische Kinderarzt und Sozialpädagoge, der in seinem Kinderheim mit größter persönlicher Aufopferung für seine Schützlinge sorgte, hat in seinem 1916 erschienenen Buch „Wie man ein Kind lieben soll“ über den Streit zwischen Geschwistern einige Gedanken festgehalten, die auch in unserer Zeit nichts an Aktualität eingebüßt haben:

Sie zanken sich den lieben langen Tag. Worum? Um einen Ball, um einen Platz am Tisch, ums Tintenfaß; wer sich zuerst waschen, wer die Papierschnitzel aufsammeln soll. Der eine will singen, der andere möchte, daß es ruhig ist. Der eine will spielen, der andere lesen.

Es gibt Streitigkeiten, bei denen man sofort erkennen kann, wer im Recht ist, aber auch andere, wo das nicht ganz klar auszumachen ist. Einer muß immer nachgeben – freiwillig oder unfreiwillig. Zuweilen gibt es Zank, Schlägerei und Tränen. Am schlimmsten ist es, wenn der Kleine den Älteren bei den Hausaufgaben stört. Er schubst ihn, quängelt, steigt auf den Tisch, langt nach dem Tintenfaß. Der Ältere möchte rasch fertig werden, denn nicht jeder kann lange stillsitzen und angestrengt nachdenken. Der Kleine stößt ihn beim Schreiben, und in der Schule gibt es Ärger, weil er nicht sauber geschrieben hat.

Die Erwachsenen haben nicht immer Zeit und die Geduld, um genau nachzuforschen, wie es wirklich war. Sie sagen:

„Gib nach, er ist doch der Kleinere.“
Oder:
„Gib nach, sie ist doch ein Mädchen.“
Oder:
„Dem Älteren muß man nachgeben.“

Ich habe mich davon überzeugt, daß erzwungenes Nachgeben, ob daheim oder auch in der Schule, sehr schlecht ist. Es wirkt nur kurze Zeit. Danach wird es noch schlimmer. Das Gefühl des Unrechts nagt an einem. Ein Bodensatz von Unwillen bleibt zurück, desgleichen Groll. Ich habe mich davon überzeugt, daß man besser daran tut, sich gar nicht einzumischen, als ohne eine genaue Untersuchung der Ursachen ein Urteil abzugeben. Die Erwach-

senen glauben manchmal, daß ein Streit wegen einer dummen Kleinigkeit entstanden sei. Wenn das nur so wäre... Nein. Geschwister geben einander oft freiwillig nach und sind einander nicht länger böse.

Die Erwachsenen jammern oft:

„Sie zanken sich den lieben langen Tag."

„Sie zanken sich andauernd."

„Sie hören gar nicht auf, sich zu zanken."

„Kein Augenblick vergeht ohne Zank."

Das ist übertrieben.

Wenn man einmal nachrechnet, dann kommen bei unverträglichen Geschwistern täglich zwei, drei oder auch vier Streitereien vor. Nehmen wir an, daß jeder Streit fünfzehn Minuten dauert, dann dauern sie zusammen eine Stunde. Eine Stunde – das ist viel, aber es ist kein ganzer Tag. Und vielleicht ist eine Stunde Krieg besser als immerwährender Groll und stetig wachsender Widerwille.

Ich habe mich davon überzeugt, daß die Geringschätzung der älteren Geschwister gegenüber den jüngeren diesen weh tut und sie ärgert.

Aber ebenso aufreizend und ärgerlich wirkt es, wenn der Jüngere dieselben Rechte für sich beansprucht, die den Älteren zustehen.

„Ich will auch" – sagt der Kleine.

„Wenn das so ist, dann eben keiner von beiden."

Da nimmt man dem Älteren etwas weg oder heißt ihn etwas tun aus einem ganz falsch verstandenen Gleichheitsprinzip oder um ein Exempel zu statuieren.

Wenn danach ein Streit entsteht, dann geht es nicht um eine Kleinigkeit, sondern um gegenseitigen Widerwillen.

Es gibt bessere und schlimmere Tage. Es war schon besser, es war sogar schon gut, aber nun geht es wieder los.

Warum?

Man muß nachforschen, genau Bescheid wissen, ehe man einen Entschluß faßt, und man muß fragen, denn wie könnte man ohne Wissen beraten oder belehren? Ich habe mich überzeugt, daß es gar nicht so gut ist, gleich zu Hilfe zu eilen. Es ist besser abzuwarten, bis sie sich beruhigt haben.

Ich habe mich überzeugt, daß es mehr, zehnmal mehr Gutes gibt als Böses, und das Böse kann man getrost abwarten.

Jedes lebendige Wesen, nicht nur der Mensch, zieht dem Kampf den Frieden vor, also darf man nicht anklagen...

(unveränderte Aufl. erschienen 1979 bei Vanderhoeck + Ruprecht, Göttingen)

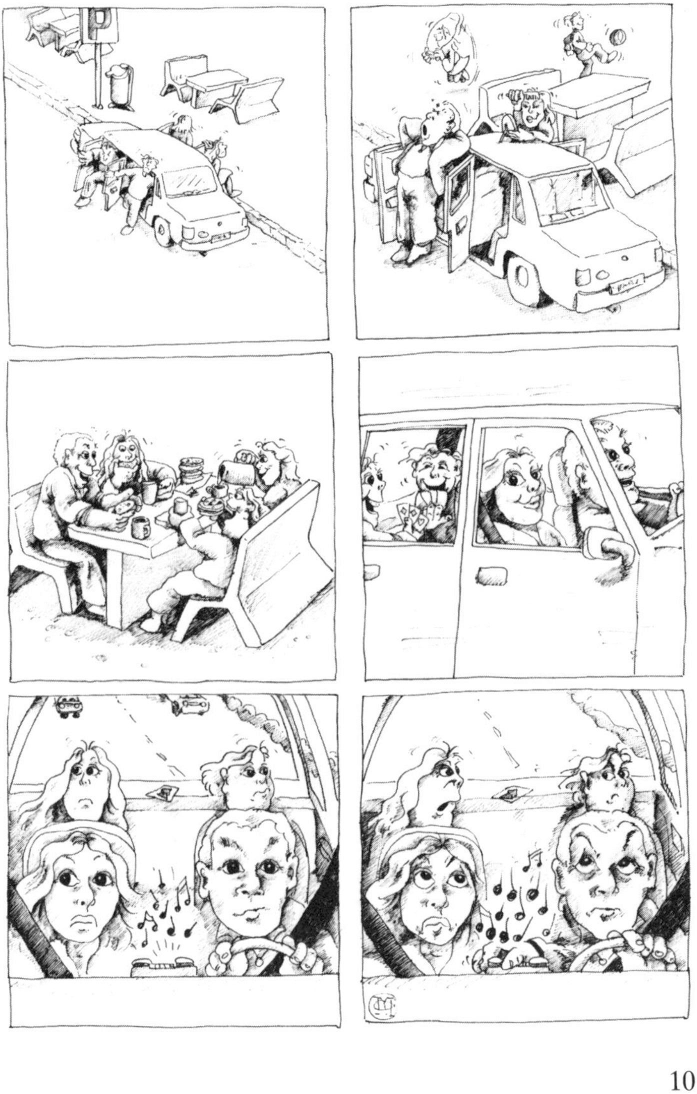

Das Thema brachte es mit sich, daß bis jetzt die Kinder, die Geschwister, im Vordergrund standen.

Und doch – das Merkmal einer gesunden Familie liegt in einer gesunden Ehe: Der Platz Nummer 1 gehört immer der Ehepartnerin, dem Ehepartner!

Die Erziehung in den ersten Lebensjahren ist mitentscheidend für die Zukunft unserer Kinder. Ausgehend von ihrer Praxis als Psychoanalytikerin bringt Françoise Dolto in diesem Buch Alltags- und Erziehungsprobleme mit Kindern in ihren ersten Lebensjahren zur Sprache. Dabei stehen jene Entwicklungsschritte des Kindes im Vordergrund, die es erfolgreich bewältigen muss, um Selbständigkeit und innere Autonomie zu erreichen. Eine gelungene Bewältigung dieser Schritte (z.B. die Entwöhnung, das Sauberkeitstraining, die Motorik und soziale Beziehungen) macht unsere Kinder stark für alle Aufgaben, die das nachfolgende Leben stellt.

Françoise Dolto

Kinder stark machen

Die ersten Lebensjahre

Aus dem Französischen von S. und C. Koch

312 Seiten. Broschur.

ISBN 3-88679-85724-1

BELTZ QUADRIGA

Kinder stark machen

Das respektierte Kind

Kinder haben ihren eigenen Entwicklungsplan, den wir nicht allzusehr stören sollten. Sie verfügen über weitaus mehr Fähigkeiten, als wir glauben, und wollen von sich aus ihre Erfahrungen mit anderen und der Welt machen. Kinder brauchen Zeit zum Träumen und Spielen, keine kreativen Schablonen, sondern Räume zum Ausleben ihrer Phantasie und Liebe, sie brauchen Achtung, Vertrauen und Grenzen. Hierin liegt nach Jackson der Schlüssel für ein entspanntes Verhältnis zwischen Eltern und Kindern. Erziehen ist Nähe aufbauen und im rechten Moment loslassen können, von Anfang an. Mit vielen Beispielen aus der Erziehungspraxis beschreibt und diskutiert die Autorin intelligent und lebendig die Entwicklung vom Baby bis zum Jugendlichen und zeigt, worauf es ankommt.

Deborah Jackson

Das respektierte Kind

Erziehen ohne Streß

Aus dem Englischen von Heike Brandt

368 Seiten. Broschur. ISBN 3-88679-819-4

BELTZ QUADRIGA